新裝版
街ぶら
台湾華語
TAIWANESE MANDARIN EDITION

樂大維
Yue Dawei

南投・The Lalu hotel ©台灣觀光局

台南・大天后宮 ©台灣觀光局

台南・福記肉圓 ©台灣觀光局

台北・民藝埕 ©台灣觀光局

台北・紫藤廬 ©台灣觀光局

台中・無為草堂 ©台灣觀光局

台北・欣葉 ©台灣觀光局

前書き

「歡迎光臨！」（いらっしゃいませ！）
　このページを開けた方は、台湾華語というものに出会い、その素晴らしい世界に入る扉を開けたところです。私でよろしければ、ドアマンとして皆さんをお出迎えいたします。
　タイトルの『街ぶら台湾華語』。「街ぶら」とは「街をぶらぶら」、つまり観光することを表しています。ここにはもちろん、台湾の街を大いに観光していただきたいという意味もありますが、それと同時に、台湾の中国語、「台湾華語」の世界を散策するように楽しんでいただきたいという思いを込めました。
　本書は、台湾旅行のガイドのようなエッセイを読みながら、台湾華語の基本フレーズや、よく使う言い換え単語を学べるように構成しています。すぐに使える定番表現や単語も多数収録しました。また、台湾で使われている発音記号「注音符号」を記載し、カタカナでその読みがなを付けています。
　本書の究極の目標は、皆さんに台湾華語の会話を楽しんでいただくことです。現地で台湾華語を使って、あなただけの素敵な旅の思い出を作っていただければ、こんなにうれしいことはありません。
　本書は2015年、編集者の玉井光法さんとともに、中国語初心者の目線でわかりやすく、読んで楽しい本を作ろうと執筆・編集を始めました。その後の波乱万丈を経て、2017年にアスク出版の由利真美奈さんのご協力を得て、MRT空港線などの新しい情報を追加して、皆さんのお手元へお届けできることになりました。ここであらためて、お力をお貸しいただいた皆様へ御礼申し上げます。
　ぜひ、本書にある台湾華語のフレーズを声に出してコミュニケーションしてみてください。そうして、言葉の学びを通じて、喜びや感動、台湾とのふれあいを深めていただければうれしいです。さあ、ご一緒に台湾華語の世界を旅しましょう！

街ぶら台湾華語——もくじ

前書き …………………………………………………………………………………… 3
本書の使い方・注意点 ……………………………………………………………… 7
音声ダウンロードの方法 ………………………………………………………… 8

前準備 出発前に発音と文字を覚えよう!

01 台湾ってどんなところ?——南国気分を味わえるパラダイス「台湾」 …… 10
　★とっても近い台湾　11　★台湾の中国語(台湾華語)って何? 普通の中国語と違うの?
台湾語と違うの?　13

02 注音符号「ボボモフォ」 ……………………………………………………… 15
　★台湾の「あいうえお」が宇宙文字って本当?　15　★ボボモフォで台湾華語の発音に慣
れよう　18

column ● なんで「福」を上下逆さにするの? ……………………………… 22

03 声調(高低アクセント)を身につけましょう …………………………… 23
　★桜吹雪と声調　24　★声調の表し方　25　★声調変化(変調)　26

column ● 私の日本語発音練習の思い出 ………………………………… 28

04 台湾華語と中国本土の中国語はこんなに違う! …………………………… 29
　★漢字が違うってどういうこと?　29　★結構異なる単語表現——同じ意味・違う言い
方・違う意味　31　★中国語の基礎文法をおさえておこう　32　★台湾華語のクセ　35

05 台湾語にも触れてみよう ……………………………………………………… 42
　★南に行くほど使われる「台湾語」　42　★台湾語を使ってみよう!　44

column ● 詩的なイマージュに富んだ中国語 …………………………… 46

1日目 到着!! 台湾の交通事情

06 台湾へようこそ! ……………………………………………………………… 50
　★さあ、でかけよう!!——機内の会話　51　★とうとう到着!　55

column ● 台北松山空港・私のおススメスポット …………………… 57

07 タクシー ………………………………………………………………………… 58
　★タクシーはみんな黄色です　58　★目的地に着いたら　61

08 鉄道——地下鉄・新幹線・台湾鉄道 ……………………………………… 65
　★地下鉄に乗ってみよう　65　★地下鉄の看板　68　★車内でのコミュニケーション　72
　★今と昔の日本を味わえる台湾の新幹線と鉄道　75

| column ● | 駅で見かけた様々な言語 | 77 |

09 バス——路線バス、高速バス、リムジンバス ……… **78**
★ バスの乗り方 78　★ 人にやさしいバスの車内 82　★ 便利な高速バス・リムジンバス 84

10 二輪の乗り物——自転車と原付 …………………… **86**
★ レンタサイクルを使ってみよう！ 87　★ 庶民の足「原付」 88　★ 歩行者用信号機 89

| column ● | 知っておきたい！ 台湾のお手洗い事情 | 90 |

| column ● | 台湾のご祝儀・香典事情① | 92 |

2日目　夜市に、百貨店に、お買い物を楽しもう

11 目が$マークに！ お金の話です——台湾の通貨と数字を覚えよう ……… **94**
★ 両替をしよう！ 95　★ 台湾人の数字の数え方 97　★ 台湾の硬貨・紙幣の種類 99
★ 郵便局で絵ハガキを送ろう 101

| column ● | 台湾のご祝儀・香典事情② | 103 |

12 コンビニ・スーパーでお買い物 …………………… **104**
★ 密集率世界一のコンビニ 104　★ スーパーでローカルな空気を楽しもう 107　★ 台湾
で一攫千金 !? 110

13 百貨店や専門店でお買い物を満喫 ………………… **112**
★ バーゲンのお買い得情報 112　★ 店員さんに頼んで試着をしてみましょう 114

14 夜市での値段交渉術 ………………………………… **117**
★ 夜市では毎日がお祭り気分 117　★ 値段交渉、本番！ 120

| column ● | 足にまつわるエトセトラ | 126 |

3日目　やっぱりグルメはハズせない！ 台湾食べ歩き

15 台湾人の朝ご飯 ……………………………………… **128**
★ 中華風朝食 128　★ 餃子と言えば水餃子？ 131　★ ファストフード風朝食 132

16 ほっとひと息。ランチ＆ティータイム ………… **134**
★ バイキング形式の食堂でお昼ご飯 134　★ ティータイムが楽しくなる飲み物——国民
的飲料のタピオカミルクティー 137　★ カフェチェーンでひと休み（自己紹介のフレーズ）
139

| column ● | 私のお気に入りスポット | 142 |

街ぶら台湾華語──もくじ

17 夜市の屋台料理とスイーツ
　　──小籠包や中華だけじゃない！ 魅惑的な台湾料理 ……… **144**
　　★夜市で屋台のおでんを堪能しませんか？ …145　★笑顔になれる屋台スイーツ …148
　　★ほっぺたの落ちる甘〜いスイーツパン …150

column ●ちょっとしたお土産コーナー ……… **153**

4日目

最終日。異国を大冒険!

18 ディープな台湾へようこそ！ ……… **156**
　　★出身者もなかなか知らない台湾の魅力 …156　★エビ釣りデビューの日 …158　★温泉地
　　でのんびり。台北の温泉 …160　★本屋さんで訪れる出会いの瞬間 …163

column ●日本の面影残るレトロ建物／道端の出会い ……… **166**

19 台湾のお祭り ……… **170**
　　★日本と台湾で、お正月を2度楽しむ！ …170　★ちょっと寄り道、ファンタジーの世界
　　へ …172　★願いを空へ「天燈」飛ばし …173　★電飾煌めくもう1つのランタンフェスティ
　　バル …178

20 3拍子そろった「行天宮」──パワースポット・占い・お手軽エステ ……… **180**
　　★台湾人から愛される「行天宮」 …181　★おみくじをひいてはいけない？ …183　★よりど
　　りみどり、様々な占い …186　★お肌つるつる！ お手軽エステ …187

本編を終えて──旅で見かけた人生のドラマ ……… **188**

■ 旅先でツカえるフレーズ集 ……… **192**
　　★基本の日常会話──挨拶と返事 …192　★ホテルでツカえる街ぶらフレーズ …194　★お
　　買い物でツカえる街ぶらフレーズ …196　★飲食店でツカえる街ぶらフレーズ …197　★困っ
　　たときのフレーズ──体調を崩したとき …198　★困ったときのフレーズ──道に迷ったと
　　き …199　★困ったときのフレーズ──緊急のとき …199

■ 旅先でツカえる単語集 ……… **200**
　　★代名詞 …200　★人に関する単語 …200　★身体に関する単語 …202　★お店や施設に関
　　する単語 …204　★飲み物・食べ物に関する単語 …205　★方角・天気に関する単語 …209
　　★時・暦に関する単語 …210　★数に関する単語 …212　★色を表す単語 …214　★台湾のア
　　ルファベット発音 …214　★台湾に関する単語 …215

■ ふろく──旅先MAP ……… **218**
　　★台北地図＆MRT路線図 …218　★台湾全図 …220

後書き ……… **222**

▶ 本書の使い方

エッセイ形式で台湾の紹介をしながら、現地でよく使われる台湾の中国語（台湾華語・繁体字／以下、台湾華語）の単語・フレーズを解説しています。
学習の際には、ネイティブが発音しているダウンロード音声をご活用ください。音声は１項目ごとに「フレーズと表」とページ下部の「単語を覚えよう」にわけてトラック収録しています。◀»マークのトラック番号を参照し、下記のように学習を進めましょう。

❶ まずは意味を理解しながら、音声を流しましょう。繰り返し何度も聴いて、ネイティブの発音に耳を慣らします。

❷ 次にポーズ機能を使って、「音声を聴く→ポーズ（一時停止）→真似して発音する」という「リピーティング」の作業を繰り返しましょう。発音の基礎を身につけるとともにリスニング能力はこれでバッチリ！

❸ 今度は音声に続いてすぐに発音しましょう。この「シャドーイング」を何度も行うことで、他言語が自然に口をついてでてくるようになります。

▶ 注意点

＊本文中では、**台湾華語を赤色**、**中国本土の中国語（普通話・簡体字）を青色**で記載しています。

＊本文とフレーズ内の主な台湾華語の単語は、基本的に初出時に本文下部の「単語を覚えよう」に意味とボポモフォ（注音符号）をつけて記載しています。なお、ボポモフォの声調記号は、厳密には最後の符号の右上に付きますが、本書では書体の都合により、中央に付いています。あらかじめご了承ください。

＊本文中を除き台湾華語には全てボポモフォ（注音符号）を記載（本文中の単語は「単語を覚えよう」に記載）しておりますが、台湾語由来の単語等についてはカタカナ読みのみ表記しています。

＊発音の目安に台湾人の発音のクセに合わせたカタカナ読みを表記しています。しかしカタカナでは正確な音を表すことはできません。あくまでもカタカナは目安とし、ダウンロードの音声を聴いてネイティブの発音を身につけてください。また、音声には、日本語を収録しておりませんのでご注意ください。

＊フレーズや単語のカッコは、カッコ内の語が省略され発音されないこともあることを表しています。音声ではカッコ内の語も発音しています。

＊本書に記載の施設やサービス、料金等の情報は、発行月以前の情報です。本書に掲載された情報により生じたトラブルや損害等については、弊社及び著者は補償いたしかねますので、あらかじめご了承のうえ、参考にしてください。

▶ 音声ダウンロードの方法

本書の音声は MP3 形式で、アスク出版公式サイトから、ＰＣまたはスマートフォンへダウンロードできます。また、収録内容をわかりやすく整理し、注音符号とともにピンインを付記した「音声活用サブテキスト」も、PDF でご覧いただけますので、ぜひご利用ください。

ダウンロードはこちらから→

アスク出版公式サイト　本書の詳細紹介ページ

https://www.ask-books.com/978-4-86639-140-3/

アスク出版公式サイト（https://www.ask-books.com/）▶「カテゴリーから商品＆音声ダウンロードを探す」の「中国語」▶（最下段にある「関連カテゴリ」の「中国語一般」）▶本書の欄の「詳細を見る」

上記ページの「サポート情報」欄からダウンロードしてください。
音声収録部分にピンインを付けた「音声活用サブテキスト」もここからダウンロードいただけます。ぜひご活用ください。

「音声活用サブテキスト」はスマートフォンから直接閲覧いただけます。右の QR コードを読み取ってください。→→→

スマートフォン・タブレットで音声をご利用の場合

オーディオブック配信サービス「audiobook.jp」のアプリを利用します。下記のアスク出版専用ページへアクセスし、シリアルコードを入力してご利用ください。

https://audiobook.jp/exchange/ask-books

『街ぶら台湾華語』シリアルコード：91403

※「audiobook.jp」を初めてご利用の方は、アプリのダウンロード、および会員登録が必要です。詳しくは上記サイトをご覧ください。

ダウンロード方法等についてのお問合せ

アスクユーザーサポートセンター　https://www.ask-books.com/support/
TEL：03-3267-6500（土日祝日を除く10:00～12:00、13:00～17:00）
FAX：03-3267-6868　　Mail： support@ask-digital.co.jp

前準備

出発前に
発音と文字を
覚えよう！

01 台湾ってどんなところ？
南国気分を味わえるパラダイス「台湾」

台北・鼎泰豊の点心
と
南投・The Lalu hotel

台南・莉莉水果店の
マンゴーかき氷

とっても近い台湾

「台湾」と聞いて、皆さんはどんなことを思い浮かべますか?
よく私が言われるのが次のフレーズ。

日本人　「ご出身は?」
樂　　　「台湾です」
日本人　「えっ!　台湾?　近いですよね。2、3時間でしたっけ?」
樂　　　「ええ。LCC(格安航空会社)も毎日飛んでいて助かります」

「台湾は近い」と感じている日本人が多いようです。実際に地図を見ると、沖縄本島のすぐ南に台湾はあります。
こんな会話をして「もしかしたら毎日飛行機で通勤しているのかな?」と思われてしまうかもしれないので、急いで「あっ、今は日本に住んでいますよ」と説明を加えるようにしています。国際線の定期券なんて聞いたことないし、さすがに毎日往復するわけにはいかないですもんね。

「台湾」と言えば、「グルメ」や「観光名所」を思い浮かべる方も多いかもしれません。確かに台湾は、日本の沖縄・アメリカのハワイ的な存在で、グルメのパラダイスとも言えます。「小籠包」や「芒果冰」「水果」などなど美味しいものが盛りだくさん。

単語を覚えよう

□ 小籠包　小 籠 包　シャオ ロン バオ　□ マンゴー　芒 果 冰　マン グオ ピン　□ 氷, かき氷　冰　ピン

□ フルーツ　水 果　スェイ グオ

中国本土と沖縄の間に挟まれた「台灣」(『タイ』ではありませんよ)の正式名称は「中華民國」(中華民国・Republic of China)と言います。

台灣と臺灣どっちが正解?と思った人もいるかな。臺はフォーマルな印象で、台は略字。臺＝台で、どちらもよく使われるんだ。台湾人もあまり使い分けを気にしていないから、どっちでもいいよ。本書でもケース・バイ・ケースで混用していくね。

台灣は「フォルモサ」とも呼ばれています。漢字表記は「福爾摩沙」。16世紀に台湾島東側の太平洋を通航したポルトガル人がその美しさに感動して、台湾島をポルトガル語の「formosa」(美しい島)と呼んだことが由来です。その名のとおり、美しい南国のパラダイス台湾は、安・近・短の海外旅行先として日本からもたくさんの人が訪れています。

南国の空気と海風のなかでつづられる台湾は、日本の九州よりやや小さな面積で、形はサツマイモのように見えます。人口はだいたい日本の5分の1です。

台湾の面積は約 36,000km^2（九州の約 6/7）、人口は約 2,300 万人だよ

単語を覚えよう

□ 台湾　台灣 ＝ 臺灣　□ 中華民国　中華民國

□ フォルモサ　福爾摩沙

台湾の中国語（台湾華語）って何？
普通の中国語と違うの？　台湾語と違うの？

さてここで問題です。台湾では主に何語が話されているでしょうか？
難しく考えることはありませんよ。

❶ **タイ語**（もう、タイじゃないって！）
❷ **日本語**（確かに台湾は日本の植民地でしたけど……）
❸ **台湾語**（100％引っかかってしまうと思います）
❹ **中国語**（中国本土の言葉と一緒かな？）

正解は「❹中国語」です。「**中国語**」は中国語では「中文」と言います。ひと口に「中文」と言っても地域によって様々な「中文」が使われており、「中文」自体も地域によって異なる呼び方をされます。台湾では中文＝「華語」、中国本土では中文＝「漢語（汉语）」と呼ばれます。
世界で最も話者人口の多い中文＝華語＝漢語（汉语）には、千差万別な方言があり、異なる方言同士ではコミュニケーションをとれなかったりします。そのため、台湾では標準語として「國語」があり、中国本土では「普通話（普通话）」を共通語としています。どちらも、方言の1つ「北方話」＝「官話」（マンダリン・Mandarin）のなかの北京語をベースとしています。
ちょっとややこしいですね。台湾と中国本土で主に話されている言葉はルーツが同じ、つまり台湾の言葉も「中国語」だとわかってもらえればOK！

単語を覚えよう

□ 中国語　中文 ＝ 華語 ＝ 漢語　　□ 国語, 標準語　國語

□ 共通語　普通話　　□ 中国北方言, マンダリン　北方話 ＝ 官話

台湾の國語は「台灣華語」(本書では『台湾華語』の表記で統一します) とも呼ばれます。

台湾では台湾華語のほかにも、「台語＝閩南語」(台湾語＝びん南語／ホーロー語という中国語方言の1つ)、「客家話」(客家語／中国語方言の1つ)、各先住民族の言葉も使われています。

現在、母語教育が進んでおり、台湾語や客家語、先住民族語などのうち1言語の授業を小学校から履修することになっています。多言語社会を目指す台湾は、母語の尊重と同時に、母語を保持することによって、アイデンティティを確立していこうと考えているのです。そのため、地下鉄でも色んな言語のアナウンスが流れています。ちなみに「先住民族」は台湾華語では「原住民」(軽蔑的な意味合いはありません) と言います (認定先住民族16族は217ページ参照)。

先住民族の人形

単語を覚えよう

□ 台湾の中国語, 台湾華語　台灣華語

□ 台湾語＝びん南語　台語＝閩南語　　□ 客家語　客家話

□ 先住民族　原住民

02 注音符号「ボポモフォ」

台湾の「あいうえお」が宇宙文字って本当？

台湾は、1945年の日本の敗戦後、国民党政権（中華民国）に接収されました。それとともに、北京語を基礎とした中国語が持ち込まれ、台湾語などの影響を受けて、独自の中国語＝台湾華語が形成されていきました。台湾華語は、もちろん中国でも通じますが、漢字の字体が異なっていたり、単語・文法などにもイギリス英語とアメリカ英語のように違いがあります。
ここでは、台湾と中国本土の中国語の一番大きな違いをとりあげましょう。

その前にまず、台湾に行って街の看板やポスターなどで気になる漢字を見つけた際に、読み方を尋ねるフレーズを──

| この字ってなんて読みますか？ | 這 個 字 怎 麼 念？
ゼァ ガ ズー ゼン モ ニェン |

なんて読むんだろう？

単語を覚えよう

□この 這 ゼァ ／ 個 ガ　□字, 言葉 字 ズー　□どうやって 怎 ゼン ・麼 モ　□読む 念 ニェン

前準備 出発前に発音と文字を覚えよう！

15

こんなときに台湾の人は、「ㄅㄆㄇㄈ」=「注音符號」（略称：注音）で漢字の読み方を教えてくれるでしょう。例えば、「福」ならば——

> この字は「ㄈㄨˊ」と読みます。
>
> 這個字念「ㄈㄨˊ」。
> ゼァ ガ ズー ニェン フー
>
> ちょっと書いておきます。
>
> 我寫一下。
> ウオ シエ イー シヤ

この宇宙人の文字のような「ㄈㄨˊ」が**ボポモフォ**です。先ほどから漢字の横についていましたよね。なんだろう？と思っていた人も多いかな。
ボポモフォは、日本の仮名文字のように漢字に似た表音文字ですが、どう見ても宇宙人の文字のようにしか見えないですよね。

台湾では、小さい頃から学校でこのボポモフォという補助的な文字を習います。**まるでふりがなのように漢字の読みを表すもの**です。パソコンでも入力できるようキーボードの上にボポモフォが印刷されています。
日常生活でもよく見かけるボポモフォは——

> ❶子どもも読めるように漢字の横にボポモフォがふってある看板があります。また、選挙のとき、候補者の名前が珍しい字だと、漢字の横にボポモフォをふります。
> ❷ボポモフォを使って「台湾語」を表現したりします。例えば、マスコミがよく使う「ㄏㅊ」。台湾語の「焼く，温める」という言葉が転じて「人気」という意味になりました。「夯」という漢字で表現します。
> ❸私なんかはよくやりますが、さらさらメモをとるときに使います。

などなど。

中国本土では、発音を表す記号に「ピンイン」というアルファベットを使っています。**「ボポモフォ」と「ピンイン」は基本的に 1 対 1 で対応**していますが、台湾の人は「ピンイン」の勉強をしたことがないので、その綴り方は不得意なんです。

「ボポモフォ」という文字体系は、日本の仮名文字などを参考にしてつくられており、中華民国政府によって 1918 年（第 1 次世界大戦が終結した年）に「注音字母」として公布されました。現在、中国本土ではほとんど用いられることはありませんが、台湾では今でも盛んに使われています。

発音を表すのに、ボポモフォ（注音符号）を使うか、ピンインを使うかは、台湾と中国本土の中国語の大きな違いです。
この本は「台湾をぶらぶら旅しながら、台湾華語を身につける」ことがテーマなので、ピンインではなく、台湾人がするようにボポモフォで発音を表しますね。
次の項目では、台湾華語の発音について習っていきますよ。

キーボードにもボポモフォがあるよ！

単語を覚えよう

- □ 注音符号＝ボポモフォ　注音符號（旧称：注音字母）
- □ 私　我（ウオ）　□ 書く　寫（シエ）　□ ちょっと〜する　〜一下（イーシャ）

ボポモフォで台湾華語の発音に慣れよう

日本語では「あいうえお」とまず母音を覚えたあとに、「かきくけこさしすせそたちつ──」と子音＋母音の発音を勉強しますが、台湾では逆に、子音のボポモフォから習いはじめます。さらに子音は、「唇」「舌」など発音する際にポイントとなる口のパーツごとに覚えていきます。

子音 21 字と母音 16 字、全部で 37 字。さあ、口を大きく動かして発音練習をしましょう。

表の見方：ボポモフォ ／ ピンイン／近い発音

子音 21 字

発音のポイント	無気音[1]	有気音[2]	鼻音	摩擦音	有声音[3]
唇	ㄅ b ボ	ㄆ p ポ	ㄇ m モ	ㄈ f フォ	
	ㄉ d ダ	ㄊ t ト	ㄋ n ノ		ㄌ l ロ
	ㄍ g 弱めのグ	ㄎ k 強めのク		ㄏ h 強めのホ	
舌	ㄐ j 弱めのチ	ㄑ q 強めのチ		ㄒ x 強めのシ	
	ㄓ zh 巻き舌のズ	ㄔ ch 巻き舌のツ		ㄕ sh 巻き舌のス	ㄖ r 巻き舌のル
	ㄗ z ズ	ㄘ c ツ		ㄙ s ス	

18

母音16字

発音のポイント		a		o		e		ê	
単母音*4	ㄚ	ア	ㄛ	オ	ㄜ	エ＋オ	ㄝ*5	エ	
		ai		ei		ao		ou	
複母音*6	ㄞ	アイ	ㄟ	エイ	ㄠ	アオ	ㄡ	オウ	
		an		en		ang		eng	
鼻母音*7	ㄢ	アン	ㄣ	エヌ	ㄤ	アン	ㄥ	オン	
		er							
そり舌母音*8	ㄦ*9	アル							
		i		u		ü			
介母音*10	ー	イ	ㄨ*11	ウ	ㄩ	ユイ			

＊1 **無気音**：息を抑えて控えめに発音します。

＊2 **有気音**：息をパッと激しくだして発音します。

＊3 **有声音**：声帯の振動を伴って発する音です。

＊4 **単母音**：1つの音節のなかに母音を1つしか含まないものです。

＊5 **ㄝ（エ）**：ピンイン表記では「ㄛ」と同じ「e」で表されます。

＊6 **複母音**：母音が2つ以上連なっているものです。

＊7 **鼻母音**：「-n」か「-ng」で終わる母音です。

＊8 **そり舌母音**：舌をそりあげて発音する母音です。

＊9 **ㄦ（アル）**：R（アール）をゆっくりしっかり舌をまいて、発音してください。「『ㄦ』って、ひげみたいですね」と中国語初心者の編集者が言っていました。「言われてみると確かにそのとおりだな……」と納得します。くだらない話ですみません。

＊10 **介母音**：「介」の文字どおり仲立ちをし、「**子音＋介母音＋母音**」のように子音と母音に挟まれて現れる音です。単独で発音するとき、「y」「w」といった子音がつきます。

＊11 **ㄨ（ウ）**：カタカナの「メ」に似ていますね。形にまどわされずに発音しましょう。

前準備

出発前に発音と文字を覚えよう！

この 37 個の発音のなかには、台湾人が苦手な発音があります。そり舌音（けんぜつ音）の「ㄓ（zh）」「ㄔ（ch）」「ㄕ（sh）」です。台湾語（びん南語）にはこれらの発音がないので、「ㄓとㄗ（z）」、「ㄔとㄘ（c）」、「ㄕとㄙ（s）」の区別があいまいになってしまうのです。本書のカタカナ読みは、この台湾人の発音のクセに合うようにしています。このほかに、「ㄢ（an）とㄤ（ang）」、「ㄣ（en）とㄥ（eng）」なども区別がつかなかったりします。

台湾華語の発音はなかなか難しくて、短時間で全部覚えるのは無茶なことですね。まずは音声を聞きながら発音してみて、顔の筋トレをする気持ちで台湾華語風の口の動かし方を感じてみましょう。何回も練習をすれば発音できるようになりますよ。そのついでに頬の「リフトアップ効果」も期待できるかも !?（笑）。

樂 's POINT

▶代名詞を覚えよう！── 「これ」「あれ」「どれ」

近くのものを指すときは「這個」か「這」、離れているものを指すときは「那個」か「那」と言います。これらの代名詞は **「これは（を）」「あれは（を）」** と単独で名詞としても使いますが、**「這（個）／那（個）＋〔名詞〕」** で **「この／あの〔名詞〕」** と指示形容詞的に使うこともできます。「個」はあってもなくてもいいけど、通常つけることが多いかな。

ついでに複数形と疑問詞も覚えてしまいましょう。どちらも簡単。

		近くのもの			離れているもの			疑問詞	
単数	これ この	這（ゼァ）	個（ガ）	あれ あの	那（ナー）	個（ガ）	どれ どの	哪（ナァ）	個（ガ）
複数	これら これらの	這（ゼァ）	些（シエ）	あれら あれらの	那（ナー）	些（シエ）	どれら どれらの	哪（ナァ）	些（シエ）

複数形はそれぞれ「些」をつけるだけです（複数形には「個」はつかないよ）。
疑問詞「どれは（を）？」「どの〔名詞〕？」は「哪」を使えばOKです。

▶「ちょっと〜する」「試しに〜してみる」:〔動詞〕＋一下

「〔動詞〕＋一下」で「ちょっと〜する」「試しに〜してみる」という意味を表します。色んなシチュエーションで使えるので、覚えておくと便利ですよ。

▶「無気音」と「有気音」

ティッシュペーパーで無気音・有気音の練習をしましょう。有気音の発音は、ティッシュがしっかり揺れるように息を吐くことを意識してください。

無気音
口の前にティッシュを垂らし、ティッシュがほとんど揺れないくらいの息で発音する

有気音
口の前にティッシュを垂らし、ティッシュが激しく揺れるくらい強い息を吐いて発音する

単語を覚えよう

☐見る 看（カン）、☐待つ 等（ドン）、☐借りる 借（ヂエ）

column なんで「福」を上下逆さにするの？

15㌻の「福」の字を上下逆さにした貼り紙は、日本の中華屋さんでもよく見かけますよね。貼り間違っているわけではなく、これにはちゃんと意味があります。

中国本土や台湾では、春節（旧正月）の前になると、「福」の字を菱形（◇の形）の赤い紙に書いて、家の入り口に「逆さま」に貼る習慣があります。
「逆さにする」という意味の「倒（ダオ）」と「来る」という意味の「到（ダオ）」の音が一緒で、「福を逆さまにする」=「福倒（フーダオ）」と「福が来る」=「福到（フーダオ）」が同じ発音になるからです。逆さにすることで「福が来ますように」と願いをこめているわけですね。

ちなみに、「春（ツン）」も「満（マン）」も同じです。
「春（ツン）」の逆さまは「春が来る」という意味です。
「満（マン）」の逆さまは「満ちる，いっぱいになる」という意味になるので、冷蔵庫やお米の入れ物に貼りますが、くれぐれもトイレのドアには貼らないように！

単語を覚えよう

□ 逆さまにする 倒（ダオ）　□ 来る,到着する 到（ダオ）　□ 福 福（フー）　□ 春 春（ツン）　□ 満 満（マン）

03 声調（高低アクセント）を身につけましょう

台湾の花々

桜吹雪と声調

私は春になると毎年、お花見に行くのを楽しみにしています。

とくに、桜吹雪。満開の桜は言うまでもなく美しいのですが、その散りゆく姿が桜の一番美しい瞬間だと思います。ほら、花びらが風にのって、雪のようにそっと舞い降りてきましたよ。よく見てみると、ただ一直線に舞い降りているのではなく、色んな散り方があるようです。花びらが散りゆく姿を眺めているうちに、「あれ、この様子はどうも声調に似ているな」と思いました。**「声調」とは中国語のアクセントのこと**で、音楽のように高かったり、低かったりという特徴があります。

ここでは、注音符号（ボポモフォ）にくっついている声調について学んでいきましょう。

	桜の散り方	声調	イメージ
①	落ちることなく平らに漂っています。	第1声	ソ→ソの発音
②	枝から離れてすぐに風とともに空に向かって舞いあがります。	第2声「ˊ」	ミ→ソの発音
③	一度落ちてきて、また空に向かってあがっています。	第3声「ˇ」	レ→ド→ファの発音
④	桜の木から離れてすぐにすとんと落ちていきます。	第4声「ˋ」	ソ→ドの発音
⑤	風により、高かったり低かったりしています。	軽声[*1]「・」	声調を持たず、短く軽く発音される音節。単独で発音されることはなく、他の音節の後ろについて発音されます。

*1 軽声：台湾では中国本土ほど軽声を使いません。例えば、右ぎ表内「媽媽」の後ろの「媽」は、日常会話では多くの台湾人が本来の声調である第1声で発音しています。

声調の表し方

中国語のアクセント＝「声調」は、英語などの強弱アクセントではなく、日本語同様に**高低アクセント**です。日本語では「橋（→）」「箸（↘）」「端（↗）」のように音の高低で単語の意味を区別していますよね。中国語も同じです。例えば、「媽」「麻」「馬」「罵」の注音符号（ボポモフォ）は全部同じ「ㄇㄚ」ですが、声調が違うし意味も違います。

声調を表す記号「声調符号」は、注音符号の横につきます。第1声の場合は何もつかず、第2・3・4声はまさに声調の音程のような符号、軽声の場合は上に点を打ちます。**声調の練習をするときには、手で声調符号をなぞる**人が多いですよ。確かにこの方法は覚えやすくなるので、ぜひ試してください。

声調	台湾 単語	台湾 注音符号+声調符号	中国本土 単語	中国本土 ピンイン+声調符号	日本
第1声*2	媽	ㄇㄚ	妈	mā	お母さん
第2声「´」	麻	ㄇㄚ´	麻	má	麻
第3声「ˇ」	馬	ㄇㄚˇ	马	mǎ	馬
第4声「`」	罵	ㄇㄚ`	骂	mà	罵る
軽声*2「・」	媽媽	ㄇㄚ˙ㄇㄚ	妈妈	māma	お母さん

＊2 第1声と軽声：台湾華語と中国本土の中国語では、第1声と軽声の声調符号の表し方が異なります。ピンインでは、第1声に「ˉ」をつけ、軽声には何もつけません。

声調変化（変調）

これで、台湾華語を含め中国語の声調ができるようになりましたね。
ただし、ここで注意！ 2つの音節が連続したときに起こる「**声調変化**」という**調音現象**があります。「**変調**」と呼ばれるこの変化、よく起こる3点をおさえておきましょう。どれも、後ろの語の声調によって前の語が変調します。

▶第3声

| 単独または文末にあるとき | → |  |

語尾が少し上がります（全3声 Ⓑ）

| 第3声＋第1・2・4声 | → | 半第3声Ⓐ＋第1・2・4声 |

半第3声Ⓐ＋第1声	半第3声Ⓐ＋第2声	半第3声Ⓐ＋第4声
（飲み物が） 美味しい	好ˇ 喝ˉ ハオ ハー	テニス	網ˇ 球ˊ ワン チョウ	コーラ	可ˇ 樂˙ カー ラー

| 第3声＋第3声 | → | 第2声＋第3声 |

第2声＋第3声
傘	雨ˊ 傘ˇ ユイ サン

＊ㄩˊ：変調の項目なので、わかりやすいように「第2声」で記しましたが、通常は変調前の「第3声」で書きます。

▶不「～しない」（本来の声調＝第4声）

不（第4声）+第1・2・3声 → 本来の声調のままです。

不（第4声）+第1声		不（第4声）+第2声		不（第4声）+第3声	
食べない	不 吃 ブー ツー	ダメだ	不 行 ブー シン	買わない	不 買 ブー マイ

不（第4声）+第4声 → 不（第2声）+第4声

不（第2声）+第4声	
違う	不 是 ブー スー

▶一（本来の声調＝第1声）

一（第1声）+第1・2・3声 → 一（第4声）+第1・2・3声

一（第4声）+第1声		一（第4声）+第2声		一（第4声）+第3声	
1日	一 天 イー ティェン	1年	一 年 イー ニェン	一緒に	一 起 イー チー

一（第1声）+第4声 → 一（第2声）+第4声

一（第2声）+第4声	
ちょっと〜する	～ 一 下 イー シャ

column 私の日本語発音練習の思い出

発音練習と言えば、私も学生時代、日本語の発音に悪戦苦闘していました。50音を覚えるのには本当に苦労しました。当時は6人部屋の寮生活をしていたのですが、1つ奇妙な思い出があります。

台中・無為草堂　©台湾観光局

ある晩、1人勉強をしていると部屋の隅から突然、人の声のような妙な音が聞こえてきました。ゾッとして部屋を見まわしても、いつもどおりです。しばらくして音はしなくなりましたが、深夜0時を過ぎたあたりからまた聞こえてきて……。

なんとそれは隣のルームメートの寝言でした。耳を澄ますと「あ、い、う、え──」と50音を唱えているようです。しばらくして「も」まで声にだしたと思ったら、突然止みました。なぜ急に止まったのか、理由がまったくわからなくて、またぶるぶる震えてきました。

他のルームメートをたたき起こしてこのことを話すと、「あっ、わかった。だって今日、先生は『も』までしか教えていないんだから」。

日本語の50音は、台湾人にとっては難しいのですよ。みなさんも音声を聞いて繰り返し真似し、注音符号を覚えてくださいね。

04 台湾華語と中国本土の中国語はこんなに違う！

漢字が違うってどういうこと？

台湾も漢字圏の国なので、日本人には文字を理解しやすいと思います。
ただし、同じ「漢字」と言っても日本・台湾・中国本土では違いもあります。

日本（常用漢字）		台湾		中国本土	
麺	メン	麵	ㄇㄧㄢˋ ミェン	面	miàn ミェン
関	カン	關	ㄍㄨㄢ グァン	关	guān グァン
伝	デン	傳	ㄔㄨㄢˊ ツワン	传	chuán チュワン
気	キ	氣	ㄑㄧˋ チー	气	qì チー
図	ト	圖	ㄊㄨˊ トゥ	图	tú トゥ
応	オウ	應	ㄧㄥ イン	应	yīng イン
塩	エン	鹽	ㄧㄢˊ イェン	盐	yán イェン
対	タイ	對	ㄉㄨㄟˋ ドェイ	对	duì ドェイ

＊中国本土の読みガナは、中国本土の標準の発音に近いカタカナで表しています。

どうですか？　結構違いますよね。

中国本土では「簡体字」という字体が使われています。簡体字は、第二次世界大戦後の文字改革（1949 年、人工的に整理統合）により簡略化された漢字です。13㌻にでてきた青文字（汉语，普通话）も簡体字ですよ。
　　　　　　　　　　　　　　　　ハンユイ　プートンホア

一方、**台湾では「繁体字」という字体**が使われています。繁体字は昔から使われてきた正統な字体なので、2004 年から**「正体字」**とも呼ぶようになりました（本書では『正体字』の表記で統一します）。伝統的な旧字体（旧漢字）だからこそ、比較的日本人にも馴染みやすいかもしれませんね。

正体字は画数が多いので、これまでの私の人生の大半は字を書くのに費やしてきました（笑）。が、その字体の伝統的な美しさとともにここまで歩んでこれて良かったと思っています。学生からも「わかればわかるほど、漢字の全体像が見えます。不思議ですが、良い勉強になります」と言われます。正体字は世界文化遺産のような宝物です！

と言っても、台湾人でも「正体字をきちんと書くのが面倒くさいなぁ」と感じることもあり、日本の略字のように崩して書くこともあります。その場合、簡体字と同じ字を使うこともありますし、簡体字ともまったく異なる字に崩す場合もあります。

日本	台湾		中国本土 簡体字
	正体字	略字	
数	數 ㄕㄨ スー	괴 スー	数 シュウ

結構異なる単語表現
――同じ意味・違う言い方・違う意味

次に、単語について台湾華語と中国本土の中国語を比べてみましょう。
台湾華語は中国語本土の中国語とルーツが同じなので、同じ表現がほとんどですが、違うものも結構あります。また、漢字は同じでも、発音や意味が異なるものもあります。例を見てみましょう。

日本	台湾	中国本土	比較
箸	筷子 クァイ ズ	筷子 クァイズ	同じ
タクシー	計程車 ヂー ツェン ツァー	出租车 チュウ ズー チョァ	違う
ヨーグルト	優酪乳 ヨウ ルオ ルウ	酸奶 スアン ナイ	違う
トマト	番茄 ファン チエ	西红柿 シー ホン シー	違う
カップラーメン	泡麵 パオ ミェン	方便面 ファン ビェン ミェン	違う
コンビニエンスストア	便利商店 ビェン リー サン ディェン	便利店 ビェン リー ディェン	若干違う
ゴミ	垃圾 ラー サー	垃圾 ラー ヂー	発音が違う
（台湾）公務員試験（中国本土）大学入試	高考 ガオ カオ	高考 ガオ カオ	意味が違う

中国語の基礎文法をおさえておこう

中国語の語順はＳＶＯ（**主語・動詞・目的語**）ですから、英語に似ているとよく言われます。文法については、台湾華語と中国本土の中国語は、基本的な構造や言いまわしが同じなので安心してください。

▶基本の文「肯定文」：〔主語〕＋〔動詞〕＋〔目的語〕　

→ 私はあなたのことを好きです。

＊句読点：台湾華語では、句読点を**下部ではなく真ん中**に打ちます。

▶基本の文「否定文」：〔主語〕＋不＋〔動詞〕〜　

→ 私はあなたのことを好きではありません。

▶所有を表す「〜の…」：〔名詞（〜）〕＋的＋〔名詞（…）〕

→ 彼のバッグ　　　　　　　　　　　→ 君の友人

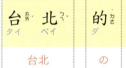   

→ 台北の夜景　　　　　　　　　　　→ 台湾の屋台料理

▶基本の文（『動詞述語文』）と「〜の…」を応用しよう！

 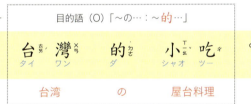

→ 私は台湾の屋台料理が好きです。

▶練習問題：簡単な文をつくってみましょう！

では、次の日本語を台湾華語の文にしてください。「中国語」という単語はもう習っていますよ。覚えているかな？

日本語：　　私は台湾の中国語が好きです。

台湾華語：

▶次のページに続く

| 漢語？ | 漢[ハン]語[ユイ]？ |

あら、怪訝な返答をされてしまいました。もしかして、「我喜歡台灣的漢語。」と言ってしまったかな？
ウォ シー ホワンタイ ワン ダ ハン
ユイ

「中国語」と言うとき、台湾では、中国本土の「漢語」「普通話」ではなく、「中文」「(台灣)華語」「國語」を使ったほうがベター。
ハンユイ　プートンホア
ゾンウェン　タイワン　ホアユイ　グオユイ

ではテイク2。もう一度やり直しましょう。

日本語：　私は台湾の中国語が好きです。

台湾華語：..
（模範解答は36ページの下部）

| 本当ですか？ありがとう！ | 真[ゼン]的[ダ]嗎[マ]？謝[シエ]謝[シエ]！ |

今度は伝わったようですね！　ヤッタね!!
最後に疑問文がでてきましたが、疑問文のつくり方は39ページで勉強していきましょう。

単語を覚えよう
□本当です 真[ゼン]的[ダ]　□〜ですか？ 〜嗎[マ]？　□ありがとう 謝[シエ]謝[シエ]

34

台湾華語のクセ

同じ中国語でも台湾と中国本土とはここが違う！ 違いをまとめてみました。

▶声調（高低アクセント）が異なる

中国本土の発音では軽声が多く使われますが、台湾では元々のアクセントが保たれていて、**軽声をあまり使いません**。例えば、「消息」の「息」を台湾では第2声で発音し、中国本土では軽声で発音します。同様に、「不客氣」の「氣」を台湾では第4声で発音しますが、中国本土では軽声で発音します。

日本	台湾		中国本土	
便り	消 シャオ 第1声	息 シー 第2声	消 xiāo シャオ 第1声	息 xi シ 軽声
どういたしまして。	不 ブー 第2声	客 カー 第4声　氣 チー 第4声。	不 bú ブー 第2声	客 kè クァ 第4声　气 qi チ 軽声。

▶ r（アル）化をほとんどしない

中国本土では、「花儿」など名詞の後ろに「儿」（簡体字）をつけ、音節をつなげます。これを「r化（アル化）」（音節の末尾で舌をそりあげる）と言います。台湾では、「兒」（正体字）をつけず、単に「花」などと言うことが多いです。

日本	台湾	中国本土	日本	台湾	中国本土
花	花 ホア	花儿 ホアル	画	畫 ホア	画儿 ホアル
子ども	小 シャオ　孩 ハイ	小孩儿 シャオハール	歌	歌 ガー	歌儿 グァル

▶助動詞を使う傾向がある

台湾華語では、台湾語の影響を受けて、動詞の「有」（ある、いる、持っている、存在している）が派生し、**助動詞**の働きもします。「有」は、助動詞のときは動詞の前につけて「**完成**」「**存在**」「**習慣**」などを表します。

有の意味	日本	台湾	中国本土
完成	あなたは行きましたか？	你 去 了 嗎？*¹ ニイ チュイ ラ マ 你 有 去 嗎？ ニイ ヨウ チュイ マ	你去了吗？ ニイ チュイ ラ マ
存在	本に書いてあります。	書 上 寫 著。 スー サン シエ ザ 書 上 有 寫。 スー サン ヨウ シエ	书上写着。*² シュウ シャン シエ ヂャ
習慣	彼はベジタリアンです。	他 吃 素。 ター ツー スー 他 有 吃 素。 ター ヨウ ツー スー	他吃素。 ター チー スー

*1 了：「完成」を表すときは、中国本土同様「～了」を使うこともできます。
*2 著・着：動詞の後ろにつけて、動作の持続を表します。

ほかにも、助動詞「會」（台湾語由来で「～である」の意）を形容詞の前につけたりしますが、なくても意味は変わりません。

日本	台湾	中国本土
これは辛いですか？	這 個 辣 嗎？ ゼァ ガ ラー マ 這 個 會 辣 嗎？ ゼァ ガ ホェイ ラー マ	这个辣吗？ ヂョァ ガ ラー マ

34 模範解答　我 喜 歡 台 灣 的 中 文。
　　　　　　ウオ シー ホヮン タイ ワン ダ ゾン ウェン

▶ 語尾の助詞で柔らかい雰囲気に

よく言われていることですが、台湾人は話すとき、語尾に「啊」「囉」「啦」「嘛」「喔」といった助詞（日本語の「〜よ」「〜ね」に相当）を頻繁に使います。自分が話すときにあえて使う必要はありませんが、相手が使っていたら「助詞だ！」と気づけると一気に親近感がわくかもしれません。

やんわり聞こえるので、台湾人の温和な性格が言葉にでているのではないかと思います。

助詞	日本	台湾	シチュエーション
啊（ア）	そうだね！	是啊！（スー ア）	賛成するときに
囉（ルオ）	行くね！	走囉！（ゾウ ルオ）	友だちと別れるときに
啦（ラ）	早く！	快啦！（クァイ ラ）	急いでいるときに
嘛（マ）	来てね！	來嘛！（ライ マ）	友だちを誘うときに
喔（オ）	そうなの？	是喔？（スー オ）	疑ったりするときに

単語を覚えよう

□あなた 你（ニイ）　□行く, 取り去る 去（チュイ）　□本 書（スー）　□〜の上 〜上（サン）

□彼 他（ター）　□食べる 吃（ツー）　□ベジタリアンです 吃素（ツー スー）　□辛い 辣（ラー）

▶他言語を混用する

日本語も外来語として他言語を多くとりこんでいますが、台湾華語でも他言語を混ぜて使うことは珍しくありません。とくに次の３言語はよく混用します。

🔊 17

混用する言語	日本	台湾
台湾語	私は気分がすっきりしません。	我 很 鬱卒。 ウオ ヘン ウ ツ
英語	飛行機が遅れ（delay）ました。	飛 機 delay 了。 フェイ ヂー ディレイ ラ
日本語	彼はあっさりしています。	他 很 阿莎力。 ター ヘン ア サ リ

台湾語は、他の中国語方言と同じように通常「話し言葉」のなかで混じります。
けれど、テレビの字幕や新聞などでも時おり台湾語の単語が混用されることがあります。そうした「書き言葉」として使う場合、台湾語には漢字表記のないものも多いので、発音の似た漢字を当て字します。台湾の「教育部」（日本の文科省に相当）から『臺灣閩南語推薦用字』（台湾びん南語常用漢字）が発表されていますが、当て字表現は様々で統一されていません。ですので、文字になる「書き言葉」は基本的には台湾華語を使います。

英語の場合、この例のようにそのまま使うこともありますが、「可樂」（コーラ）と当て字する語もあります。日本語は、例では当て字をしていますが、漢字のある表現のときは日本語をそのまま使ったりもします。

単語を覚えよう 🔊 18

□飛行機 飛 機　□台湾の文部科学省 教 育 部
　　　　フェイ ヂー　　　　　　　　　チャオ ユイ ブー

- -

□薦める 推 薦　□文字づかい 用 字
　　　　トェイ チェン　　　　　　　ヨン ズー

樂 's POINT

▶「疑問文」のつくり方①：疑問詞「〜嗎？」

日本語では「〜（です）か？」と文末に「か？」を加えて疑問文をつくりますが、台湾華語でも**文末に疑問を表す助詞の「嗎」**をつければ疑問文になります。

これは美味しいですか？	這個好吃嗎？
	ゼァ ガ ハオ ツー マ

(19)

そこは楽しいですか？	那裡好玩嗎？
	ナー リー ハオ ワン マ

(19)

▶「疑問文」のつくり方②：反復疑問文「〜〔肯定形〕＋〔否定形〕？」

肯定形と否定形（不＋〔形容詞〕など）の述語を並べても疑問を表現できます。

これは美味しいですか？	這個好吃不好吃？
	ゼァ ガ ハオ ツー ブー ハオ ツー

(19)

そこは楽しいですか？	那裡好玩不好玩？
	ナー リー ハオ ワン ブー ハオ ワン

(19)

単語を覚えよう (20)

□ 美味しい 好吃　□ 楽しい 好玩
　　　　ハオ ツー　　　　　　ハオ ワン

39

▶「疑問文」のつくり方③：疑問詞

疑問詞を使って疑問文を表現します。

彼は誰ですか？ ▶ 他是誰？
ター スー セイ

なぜ彼は
来ないのですか？ ▶ 為什麼* 他不來？
ウェイ セン モ ター ブー ライ

＊為什麼：什は、辞書では第2声ですが、第3声で発音する人が多いようです。

▶「過去」を表す：〔動詞（句）〕＋了

過去を表すとき、日本語では動詞の形が変化（例：食べる→食べた）しますが、台湾華語を含む中国語では動詞の形そのものは変わらず、その前後に時間を表す言葉や助詞をつけます。基本的には、**動詞（句）の直後に完了を表す助詞「了」をつければ OK** です。

あなたは
食事しましたか？ ▶ 你吃了嗎？
ニイ ツー ラ マ

私は食べました。 ▶ 我吃了。
ウォ ツー ラ

単語を覚えよう

□～は誰ですか ～是誰 □なぜ～ 為什麼～ □来る 來
スー セイ ウェイ セン モ ライ

日本人同士が会ったときに「良い天気ですね」「今日は寒いですね」と挨拶がわりに天気の話をよくするよね。台湾や中国本土では「食事しましたか？」と声をかけるんだ。必ずしも食事に誘っているとは限らないから注意してね。

▶〔動詞〕のない文：「〔副詞〕＋〔形容詞〕」で「述語の働き」をする

台湾華語では、〔程度を表す副詞〕＋〔形容詞〕が**述語の働き**をします。

例えば、38ページででてきた「他很阿莎力。（彼はあっさりしています。）」という文。

主語	＋	副詞	＋	形容詞	
他（ター）		很*（ヘン）		阿莎力（アサリ）	。
彼		あっさりしています			

→ 彼はあっさりしています。

＊很：普通は「とても」という意味ですが、ここではその意味をなくしています。もしこの「很」にアクセントを置いて強く読むと、「とても」の意味が復活します。

他が主語、很は「とても～」と程度の高いことを意味する副詞、阿莎力は日本語由来の形容詞で、この文には動詞がありません。しかし、〔程度を表す副詞：很〕＋〔形容詞：阿莎力〕が述語の働きをし、「あっさりしています」や「決断が速い」という意味になります。

このとき、副詞はその意味をなくし、単に「〔形容詞〕です」という意味になり、「とてもあっさりしています」とはなりません。

同様に、「我很鬱卒。（私は気分がすっきりしません。）」も、主語は我、述語は〔副詞：很〕＋〔形容詞：鬱卒〕の文となっていますね。

05 台湾語にも触れてみよう

南に行くほど使われる「台湾語」

台湾で一般的に使われている言語は中国語（のなかの台湾華語）ですが、街を歩いていると、聞こえてくる言葉はそれだけではありません。台湾語も台湾のほぼ全域で普通に話されています。傾向としては、台湾の南に行けば行くほど、台湾語を耳にする機会が増えていきます。

台南・
国立台湾歴史博物館

高雄・旗津の
三輪車タクシーと
海鮮店

せっかくなので、簡単な台湾語も学んでみましょう。

日本	台湾華語	台湾語
おはようございます。	早（安）。*1 ザオ（アン）	勢早。 ガオ ザー
こんにちは。／ こんばんは。	你好。*2 ニイ ハオ 您好。*2 ニン ハオ	你好。 リー ホー
ありがとう ございます。	謝謝（你）。*1 シエ シエ（ニイ）	多謝。 ドー シャ
どういたしまして。	不客氣。 ブー カー チー	免客氣。 ベェン ケーキ
いいえ。	不會。 ブー ホェイ	袂。 ベー
すみません。	對不起。 ドェイ ブ チー 不好意思。 ブー ハオ イー スー	失禮。 シッレ 歹勢。 パイ セ
大丈夫です。	沒關係。*3 メイ グァン シー	無要緊。 ボ ヤオ ギン

＊1　カッコ内：省略可。

＊2　你（or您）好。：1日中使える挨拶です。你／您はともに「あなた」と相手を指しますが、
　　　下に心のついた「您」はより丁寧な表現（丁寧語）になります。

＊3　沒關係：係は辞書では軽声ですが、実際には第1声で発音する人が多いようです。

前準備

出発前に発音と文字を覚えよう！

台湾語を使ってみよう！

例えば、人の前を通るときや道で人と軽くぶつかったときに、次のように言葉をかけましょう。台湾華語では——

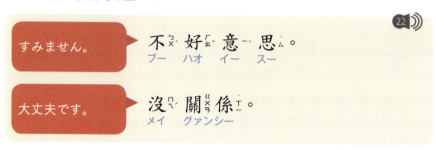

南のほうに行ったら、台湾語でも——

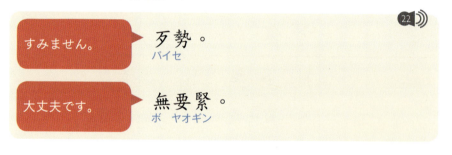

「對不起」も「不好意思」も謝るときに一般的に使うけど、「不好意思」はより軽い意味合いで使うよ。
ドェイブ チー　　　　　　ブー ハオ イー スー　　　　　　　　　　　　　　　　　　　　　　　ブー ハオ
　　　イー スー

ここまで、一気に台湾華語とちょっとだけ台湾語の勉強をしてきましたが、いかがでしたか？　中国本土の中国語の知識がある人は、台湾語は別として、台湾華語は文法的にも似ているので楽チンだったと思います。けれど、この本から入った方は大変だったかもしれませんね。

なぜ台湾の言葉（台湾華語や台湾語）を身につけるといいかと言えば、日本人でも台湾人でも、良いお付き合いをしていくためには、現地の言葉でコミュニケーションをとることが重要なポイントになります。あなたも、外国の人に日本語で道を聞かれたり、話しかけられたら、嬉しくなりますよね。言葉をとおして相手に心が伝わって、お互いの親睦が深まり、打ち解けることができるでしょう。

ですから、台湾に行ったら、ぜひ台湾華語や台湾語で話しかけてみてください。この本がそのきっかけになってくれれば嬉しいです。

最後に1つ蛇足を。

台湾の教育部が公開している「台湾華語」と「台湾語」のオンライン辞典が、とてもツカえます。台湾華語は『教育部重編國語辭典 修訂本』*http://dict.revised.*
　　　　　　　　　　　　　　　　　チャオユイ ブー ツォンビェンウォ ユイ ツー ディェンシウ ティンペン
moe.edu.tw/cbdic／（教育部再編国語辞典改訂版／「台湾　教育部　国語辞典」等で検索）、台湾語は『臺灣閩南語常用詞辭典 』*http://twblg.dict.edu.tw/holodict_new/*
　　　　　　　　　　　　　タイ ワン ミン ナン ユイ ツァンヨン ツー ツー ディェン
index.html（台湾びん南語頻出語辞典／「台湾　教育部　常用詞辞典」等で検索）です。要チェック!!

単語を覚えよう

□ （本などの）再編　**重編**　ツォン ビェン　　□ 辞典,辞書　**辭典**　ツー ディェン　　□ 改訂版　**修訂本**　シウ ディン ペン

□ 頻出語　**常用詞**　ツァン ヨン ツー

column 詩的なイマージュに富んだ中国語

中国語と言えば、学生時代に習った漢詩を覚えているでしょうか？　次の詩に見覚えのある方も多いでしょう。中国唐時代の詩人李白の詩です。

「早　發　白　帝　城　」　　　李　白　　🔊24

朝　辭　白　帝　彩　雲　間

千　里　江　陵　一　日　還

兩　岸　猿　聲　啼　不　住

輕　舟　已　過　萬　重　山

この漢詩を詠むと、川の彩り、猿の声、高い山など情緒豊かな詩情を満喫できます。こうした漢詩を学んだことがきっかけで、中国語の勉強をはじめた日本の方もいるかもしれませんね。

書き下し文・訳

「朝に白帝城を発す」　　李白
朝に辭す白帝彩雲の間
千里の江陵一日にして還る
兩岸の猿声啼いて尽まざるに
軽舟已に過ぐ万重の山

「朝に白帝城を発す」　　李白　（筆者訳）
空白み朝焼け雲なびくなか白帝城をたつ
千里離れた江陵まで一日でかえるのだ
両岸から猿のなき声が連々と続くうちに
船は軽やかに幾重の山々を通り過ぎた

もう１つ、李白の詩を詠んでみましょう。こちらも有名なので、ご存じの方も多いかな。

「静夜思」　李白　🔊25

林前明月光
ツワン　チェン　ミン　ユエ　グワン

疑是地上霜
イー　スー　ディー　サン　スワン

挙頭望明月
ヂュイ　トウ　ワン　ミン　ユエ

低頭思故郷
ディー　トウ　スー　グー　シアン

子どもの頃覚えた詩。当時はもっぱら丸暗記で、深い理解はできていませんでした。年齢を重ね、たくさんの経験を積み、詩のなかで語ることがわかってきました。

今、日本にいる私は、空にかかる月を見あげるたびに、小さいときのことが懐かしく思いだされます。故郷は良いものですね。ぜひ、私の故郷、台湾を訪ねてみてください。

書き下し文・訳

「静夜に思う」　李白
床前明月の光
疑うらくは是れ地上の霜かと
頭を挙げて明月を望み
頭を低れて故郷を思う

「静夜に思う」　李白　（筆者訳）
寝床へ明るい月の光が射しこんでいる
地面を覆う霜かと疑ってしまうほどだ
頭をおこしては白く輝く月の姿を眺め
頭をたれてはつい故郷が思いだされる

台中・林金生香 ©台湾観光局　　台北・蘇杭點心店 ©台湾観光局

台北・鼎泰豊 ©台湾観光局　　台北・京鼎樓 ©台湾観光局

美味しいものも
癒しスポットも
もりだくさん！

台中・宮原眼科 ©台湾観光局

苗栗・華陶窯 ©台湾観光局　　苗栗・三義木彫博物館 ©台湾観光局　　九份・阿妹茶酒館 ©台湾観光局

台北・迪化街 ©台湾観光局　　台南・安平樹屋 ©台湾観光局

１日目

到着!!
台湾の
交通事情

06 台湾へようこそ！

少し台湾華語を覚えたので、四字熟語の「打鐵趁熱」（鉄は熱いうちに打て）の勢いで、早速現地へ向けて、出発進行！（台湾人は日本人より四字熟語をよく使います）

台湾桃園国際空港

単語を覚えよう

□打つ 打 ダー　□鉄 鐵 ティエ　□〜のうちに 趁〜 ツェン　□熱い 熱 ラー

さあ、でかけよう！！——機内の会話

とうとう出発の日！
離陸 2 時間前に空港に到着しました。搭乗手続きが終わったら、カフェでひと息。これから始まる台湾の旅に思いをはせます。
台湾の空の玄関口は、3 つあります。

台湾桃園 国際空港	臺灣桃園國際機場 タイ ワン タオ ユェン グオ ディ デー ツァン	バスで台北市内 まで約 1 時間 空港 MRT で 約 35 〜 45 分
台北松山 空港	臺北松山機場 タイ ベイ ソン サン デー ツァン	台北市内にあり、 地下鉄の駅も近い
高雄国際 空港	高雄國際航空站 ガオ シォン グオ ディ ハン コン ザン	高雄は台湾第二 の都市

機場も航空站も「空港」という意味だけど、後者のほうが書き言葉的な表現。だから、正式名称ではないけど、高雄国際空港は「高雄國際機場」と言ってもいいし、高雄市小港區にあるから「高雄小港機場」や「小港機場」とも呼ばれているよ。

ちなみに、私は台北出身で、現在は東京に住んでいるので、羽田空港から就航便のある台北松山空港をよく利用します。

単語を覚えよう　

□ 小港　小港　□（行政区分の）市　市　□ エリア, コーナー,（行政区分の）区　區
　　　シャオ ガン　　　　　　　　　スー　　　　　　　　　　　　　　　　　　　チュイ

およそ 8,500㍍上空に飛びたち、遥か遠く台湾を目指します。飛行機の小さな窓から大空を眺めると、地上で見るのとは違った神秘的な姿を見せてくれます。辺り一面に広がる美しい雲海とまぶしい陽射しは、とても気持ちいい景色。ふわふわの雲のじゅうたんの上で寝転がりたいな！

機内では、雑誌を読んだり、音楽を聴いたり、映画を観たりするだけでなく、富士山を眺めたり、雲のなかに何か隠れていないかなと探してみたり、美味しい食事があったりと、楽しいことがたくさんあります。

私はとくに機内食のパンが大好き！　もらった瞬間のふわふわであつあつなパン。フーフーと食べるのがたまりません。大人げなく「パンをもう１つちょうだい！」と子どものように CA さんにお願いしそうになって、「いやいや、あかん、あかん」と思いなおし、大人の喋り方で交渉します。私のような食いしん坊なら、このフレーズを覚えておきましょう。

27))

すみませんが、パンをもう１ついただけますか？

不 好 意 思 ， 可 以 再
ブー ハオ イー スー　　カー イー ザイ
給 我 一 個 麺 包 嗎 ？
ゲイ ウオ イー ガ ミェン バオ マ

言い換えよう　□耳栓 耳 塞 　□おもちゃ 玩 具
　　　　　　　　　　　アー サイ　　　　　　ワン チュイ

オレンジジュースのおかわりをいただけますか？

可 以 再 給 我 一 杯
カー イー ザイ ゲイ ウオ イー ベイ
柳 橙 汁 嗎 ？
リョウ ツェン ズー マ

言い換えよう　□お水 （白 開 ）水 　□お茶 茶 　＊他のドリンク名は
　　　　　　　　　　　バイ カイ スェイ　　　　ツァー　　205㌻参照。

パンが美味しくて、ついつい何個も食べてしまいました。

もし食べ過ぎて気持ち悪くなったら……

気分が悪いです。

我 有 點　不 舒 服＊。
ウォ ヨウ ディェン ブー スー フー

＊**不舒服**：辞書では服は軽声ですが、実際の会話では第2声で発音する人が多いようです。

続いて、寒いときには、

毛布を1枚いただけますか？

可 以 給 我 一 條
カー イー ゲイ ウォ イー ティヤオ
毛 毯 嗎？
マオ タン マ

隣の人の前を通りたいときは（通してもらったらお礼も忘れずに！）、

すみません（、ちょっと通ります）。

不 好 意 思
ブー ハオ イー スー
（, 借 過 一 下）。
ヂエ グオ イー シヤ

ありがとうございます。

謝 謝。
シエ シエ

単語を覚えよう

□また 再　□パン 麺 包　□オレンジ 柳 橙 ＝ 柳 丁
　　　 ザイ 　　　ミェン バオ 　　　　　 リョウ ツェン 　 リョウ ディン

□〜ジュース 〜汁　□不快,気分が悪い 不 舒 服　□毛布 毛 毯
　　　　　　 ズー 　　　　　　　　　　 ブー スー フー 　　　　 マオ タン

1日目

到着!! 台湾の交通事情

樂's POINT

▶不好意思

前章でもでてきました。軽く謝る際に使う言葉ですよね。「すみません」というニュアンスで前を横切ったり、人に呼びかけたりするときにも使います。

▶数を言う：〔数詞〕＋〔助数詞〕＋〔名詞〕

ものの数を言うときには、〔数詞〕＋〔助数詞〕＋〔名詞〕の形で言います。

数詞と名詞の間に助数詞が必要となり、ものによって助数詞は異なります。

パンなら「個」、飲み物は「杯」、毛布は「條」という助数詞です（他の助数詞は213ページ参照）。

▶「〜をいただけますか」：可以給我〜嗎？

可以は助動詞で、能力「〜できる」、許可「〜しても良い」という意味を動詞に加えます。

▶有點＋〔形容詞〕

有點は「ちょっと，少し」という意味を表します。後ろには形容詞がきますが、多くは消極的な意味だったりマイナスの意味の形容詞です。

さて、「我有點 不舒服。」の文には動詞がありませんが、なぜでしょう？
41ページで習いましたね。〔程度を表す副詞〕＋〔形容詞〕で「述語の働き」をするのでした。

とうとう到着!

機内の小旅行を楽しんでいるうちに、あっと言う間に台湾に到着!

| ただいま! | 我 回 來 了!
ウォ ホェイ ライ ラ |

皆さんは、こうですね。

| 着いたよ台湾!! | 我 到 台 灣 了!!
ウォ ダオ タイ ワン ラ |

飛行機から降り、今まで乗ってきた飛行機に「再見」(さようなら)と言おうと振り向いたところ、これから飛び立つ飛行機が目に入ってきました。整備士さんたちが出発していくその飛行機のそばに一列に並んで「一路順風」(いってらっしゃい)と手を振り見送る光景に、思わず目頭が熱くなりました。

単語を覚えよう

□ 帰る 回 來　□ さようなら 再 見
　　　　ホェイ ライ　　　　　　ザイ チェン

□ いってらっしゃい 一 路 順 風 = 一 路 平 安
　　　　　　　　　イー ルー スン フォン　イー ルー ピン アン

それから、「行李提領」(荷物受け取り)の案内板にそって、荷物を受け取りに行きました。すると、1匹の子犬が、クルクルまわっているベルトコンベアーの上を走っては荷物の匂いを嗅いだり、まるで「ドッグショー」のようでした。そんな時のひと言──

> うわぁ！
> 面白いなぁ！

哇！ 好 好 玩 喔！
ワ　ハオ　ハオ　ワン　オ

空港内には、無料のWiFiスポット「免費無線上網」(無料無線LAN)や、電気のとれる「充電座」(電源)といったサービスがあるので、必要な方は看板を探してみてくださいね。電源は、プラグの形状と電圧（110V）は基本的に日本と同じなので、変圧器がなくても日本から持ってきた電気機器を使えます。けれど、パソコンやスマートフォン、携帯電話など精密機器等を使う場合は、念のため変圧器を使ってください。

そのほかにも空港内には、ほっとひと息つける休憩スペースや撮影スポットもあります。ちょっと立ち寄って、空港の景色を堪能するのも一興です。

「あっ、そうだ！　時計の針も1時間マイナスしないと‼」
台湾と日本の時差は1時間。日本のほうが1時間早いので、台湾に着いたら時計を1時間遅くするのを忘れずに。

> じつは、あの犬は
> 麻薬を探している
> 麻薬探知犬なんだ

単語を覚えよう

- □ 荷物受け取り　行李提領　シン リー ティー リン
- □ 無料　免費　ミェン フェイ
- □ 無線LAN　無線上網　ウー シェン サン ワン
- □ 電源　充電座　ツォン ディェン ヅォ

台北松山空港・私のおススメスポット

展望台入り口 と 飛行機の模型

台北松山空港には、私のお気に入りスポットがあります。
第2ターミナル（国内線）の3階にある「観景台」（展望デッキ）。無料で入れるその展望デッキには、飛行機の模型や写真が飾ってあり、飛行機好きにはたまりませんよ！　先ほど紹介した撮影スポットもあるので、良いアングルの写真も撮り放題。
「紀念章」（記念スタンプ）も置いてあるので子どもたちにも人気で、週末になると多くの家族づれで賑わっています。
広々とした開放的な屋外デッキで、飛行機を眺めながらのんびりしたひと時を過ごせますので、旅の疲れをちょっと癒しに立ち寄るのもいいかも。

単語を覚えよう

□ 展望デッキ　観景台（グァン　ヂン　タイ）　□ 記念スタンプ　紀念章（チー　ニェン　ザン）

07 タクシー

タクシーはみんな黄色です

タクシーは、台湾華語では「計程車」、中国本土では「出租車」でしたよね。
台湾ではほかに「小黄」（黄ちゃん）という可愛らしい愛称で呼ぶ人もいます。なぜなら、台湾のタクシーは黄色に統一されているからです。
空港ではタクシー乗り場に行けば乗れますが、街中でタクシーに乗りたいときは、日本同様、手を挙げれば停められます。ただし、**台湾のタクシーのドアは自動ではなく手動**なので、自分でドアを開けてくださいね。
私は日本の自動ドアになかなか慣れなくて、ドアが開いた瞬間、体がぶつかって飛ばされるのではないかと今でもドキドキしてしまいます。

台北松山空港の14番出口あたり

高雄の街を走るタクシーと高雄・鼓山輪渡駅前

©台湾観光局

では、目的地に向けて、タクシーに乗ってみましょう。

大きな荷物がある場合は、運転手さんにこう尋ねてください。

> すみませんが、荷物をトランクに入れてもいいですか？
>
> 不好意思，行李
> ブー ハオ イー スー　　シン リー
> 可以放後車廂嗎？
> カー イー ファン ホウ ツァーシアン マ

> いいですよ！いいですよ！
>
> 可以啊！可以啊！
> カー イー ア　　カー イー ア

同じ言葉を繰り返すのが台湾人の特徴かな。
このように「可以啊」（いいですよ）を2回繰り返すことはよくあること。同じように、「謝謝」（ありがとう）とお礼を言ったときに、「不會不會」（いえいえ）と返ってくることも多いよ。

トランクが使えるなら、たいていの運転手さんは荷物をトランクに入れるのを手伝ってくれます。

タクシーに乗ったらまずすること。そう、ドアを閉めましょう。日本と違って自動ではありませんからね。

単語を覚えよう

□ 黄ちゃん（タクシーの愛称）　小黃
　　　　　　　　　　　　　　シャオ ホワン
□ 荷物　行李
　　　　シン リー
□ 入れる　放
　　　　　ファン

□ 車のトランク　後車廂
　　　　　　　　ホウ ツァー シアン
□ いいです（許可）　可以
　　　　　　　　　　カー イー

ドアを閉め、運転手さんから次のように聞かれたら、行き先を伝えましょう。

どこに行かれますか？　您 要 到 哪？
ニン ヤオ ダオ ナァ

台湾ホテルまでお願いします。　我 要 到 台灣飯店。
ウオ ヤオ ダオ タイ ワン ファン ディェン

言い換えよう　□故宮 故 宮　□通化夜市 通 化 夜 市
グー ゴン　トン ホア イエ スー

でも、地図を見せて目的地を指さしたり、住所を書いたメモを見せて、次のように言ったほうが安心かもしれないですね。

ここに行きたいです、ありがとう。　我 要 到 這 裡，謝 謝！
ウオ ヤオ ダオ ゼア リー シエ シエ

台湾では、**全席シートベルトの着用義務**があり、守らないと罰金が科せられます。助手席でも後部座席でも必ずシートベルトを着用してください。

運転手さんのことは、台湾では「司機先生」、中国本土では「师傅」（特殊な技
スー チー シェンセン　　　　　　　　　　　　　シーフ
能を持つ人に呼びかけるときの敬称）と言います。
台湾ではほかにも、日本語由来の「運將／運匠」（運ちゃん）という台湾語も
ウン チャン ウン チャン
侮辱の意味はなく気軽に使われていますが、男性運転手の場合は、年齢にかか
わらず誰にでも「司機大哥」と呼んだりもします。「先生」（〜さん）と呼ぶ
スー チー ダー カー　　　　　　　　　　　シェンセン
より、「大哥」（〜兄さん）と呼ぶほうがより親しみがありますからね。もしく
ダー カー
は、便利な「不好意思」（すみません）でもOK。
フー ハオ イー スー

目的地に着いたら

目的地に到着！ 停めてほしいところが見えたら、

> すみません、その手前で降ります、ありがとう。
>
> 不好意思，我在前面下（車），謝謝。
> ブー ハオ イー スー ウオ ザイ チェン ミェン シャ ツャー シエ シエ

言い換えよう
□ ここ, この辺 這邊 ゼァ ビェン　□ 次の信号 下個紅綠燈 シャ ガ ホン リュイ ドン

支払いは降りるときで、支払い方法はだいたい日本と同じです。お釣りもでるから、小銭を用意しておかなくても大丈夫です。

タクシー料金は、地域によって異なりますが、そんなに大きな差はありません。夜11時から朝6時までは夜間料金が加算され、旧正月期間もやや高くなります。以前、旧正月に利用した際、運転手さんが「日頃、仕事のストレスがすごいから、もらった追加料金で疲労回復のために肝臓薬を買わなくちゃ」と冗談半分で言っていました。

単語を覚えよう

□ あなた(丁寧語) 您 ニン　□ ～したい, ～が欲しい 要～ ヤオ　□ どこ 哪（兒） ナァ ア

□ ホテル 飯店 ファン ディエン　□ ここ 這裡 ゼァ リー　□ 運転手 司機 スー デー　□ さん 先生 シェン セン

□ お兄さん 大哥 ダー ガー　□ ～で 在～ ザイ　□ 手前 前面 チェン ミェン　□ 降りる 下（車）シャ ツャー

1日目 到着!! 台湾の交通事情

61

一部のタクシーでは、支払いに「悠遊卡」（EasyCard = IC 交通カードのひとつ）なども使えますよ。

出張などで領収書が必要な場合は──

34

領収書をください。	我_{ㄨㄛ} 要_{ㄧㄠ} 收_{ㄕㄡ} 據_{ㄐㄩ}。

我 要 收 據。
ウォ ヤオ ソウ チュイ

領収書はもらえますが、自分で金額を書くことが多いです。

降りる際の注意点は……。

そう、自分でドアを開けて、閉め忘れにもご注意を！　手動ですからね。

トランクのなかの荷物も忘れずに。

34

ちょっと荷物をとってもいいですか？

我 可 以 拿 一 下
ウォ カー イー ナー イー シャ

行 李 嗎？
シン リー マ

降りる間際に運転手さんから、次のひと言をかけられたことがあります。

34

良い旅を！

祝 您 旅 途 愉 快！
ズー ニン リュイ トゥ ユイ クァイ

これぞ、台湾のおもてなし！

単語を覚えよう

35

□ EasyCard（IC カード）悠 遊 卡
ヨウ ヨウ カー

□領収書 收 據
ソウ チュイ

□とる 拿
ナー

- -

□道中, 旅行の間 旅 途
リュイ トゥ

□楽しい 愉 快
ユイ クァイ

ちなみに自動車は、日本ではイギリスやオーストラリアと同じ左側走行・右ハンドルですが、台湾では中国本土や韓国、北米、ヨーロッパ大陸と同じで**右側走行・左ハンドル**です。日本人にとっては違和感を覚えるかもしれませんね。

樂 's POINT

▶您要到哪？
「您要到哪？」の文で使われいる疑問詞「哪」は、本来「哪兒」で「どこ」の意ですが、兒が省略されました。35ページで台湾華語ではr化をほぼしないとお伝えしましたが、その良い例ですね。

▶「〜が欲しい」「〜したい」：我要＋〔名詞〕／我要＋〔動詞（句）〕
要は、「〜が欲しい」という意味で使う「動詞の働き」と、「〜したい」という意味になる「助動詞の働き」の、2つの使い方があります。
見分けるには、後ろに何がきているかに注目。

→ ここに行きたいです。

このフレーズでは、後ろに〔動詞句：到這裡〕がきているので「要」は**助動詞**。意味は「**〜したい**」ですね。

→ 領収書をいただけますか。

後ろに〔名詞：收據〕があるので、「要」は**動詞の働き**ですね。ここでの意味は「**〜が欲しい**」となります。

▶「〜で…する」：在＋〔場所を表す名詞（〜）〕＋〔動詞（…）〕
「在」は前置詞で、「〜で」と存在や動作の発生する場所を表します。
「在〜…」で「〜で…する」という意味で覚えてしまいましょう。

▶「〜しますように！」：祝您〜！・祝你〜！
「祝」は「相手がこれから良い結果を得られるように」と願う言葉です。
ほかにもこんなときに使います。

| グッドラック！ | 祝你好運！ |

| お誕生日おめでとう！ | （祝你）生日快樂！ |

台湾では誕生日ケーキに年齢を表す「ピンク・白・緑」の数字型のローソクをよくたてます

年輩の方の誕生日祝いでは、小豆の餡が入った桃の形のおまんじゅうがよくでてきます

単語を覚えよう

□ 誕生日　生日
□ 楽しい　快樂

08 鉄道
地下鉄・新幹線・台湾鉄道

地下鉄に乗ってみよう

高雄・KRT 美麗島駅

EasyCard の発売機
と
切符

© 台湾観光局

台湾観光の代表格と言えば、第一の都市・台北を中心とした北のエリアですが、南のエリアも多彩な魅力があります。南方には台湾第二の都市・高雄があり、台湾で地下鉄（地下鉄・地上線・モノレールを組み合わせた交通システム）が走っているのは台北と高雄のみです。

台湾の地下鉄			
日本	台湾	台北（第一の都市）	高雄（第二の都市）
地下鉄	捷運 ㄐㄧㄝˊ ㄩㄣˋ デエ ユン	**MRT** Metro Rapid Transit	**KRT** Kaohsiung Rapid Transit
切符	車票 ㄔㄜ ㄆㄧㄠˋ ツャー ピャオ	丸くて青いプラスチックコイン	丸くて青いプラスチックコイン
ICカード	IC卡 ㄎㄚˇ カー	悠遊卡 ㄧㄡ ㄧㄡˊ ㄎㄚˇ ヨウ ヨウ カー EasyCard	一卡通 ㄧ ㄎㄚˇ ㄊㄨㄥ イー カー トォン iPASS

1日目 到着!! 台湾の交通事情

Suica・PASMO の台湾バージョン「悠遊卡」(EasyCard) や「一卡通」(iPASS) は各駅の券売機やコンビニエンスストアなどで購入できます。地下鉄のほか鉄道、バス、タクシー、コンビニ、飲食店など幅広いところで使える便利な IC カードです。買い方は駅員さんが親切に教えてくれますよ。

また、地下鉄で観光するのにお得な「一日券」(1日周遊券)もあります。一日券を買う場合は窓口で次のように言ってみましょう。

> すみません、1日券1枚ください。

不好意思，我要一張一日券。
ブー ハオ イー スー ウオ ヤオ イー ザン イー リィ チュエン

どの電車に乗っていいかわからないときは、

> (ちょっと)お尋ねしますが、西門駅に行くにはどの路線に乗ったらいいですか？

請問(一下)，去西門站要坐哪條線？
チン ウェン イー シャ チュイ シー メン ザン ヤオ ヅォ ナァ ティヤオ シェン

「請問一下」を「不好意思」に入れ替えても大丈夫です。
チン ウェンイー シャ　ブー ハオ イー スー

また「月台」(プラットホーム)で乗る電車を確認したいときは、次のフレーズ。
ユエ タイ

単語を覚えよう

□1枚 一張 イー ザン	□お尋ねします 請問 チン ウェン	□西門 西門 シー メン	□〜駅 〜站 ザン
□乗る、座る 坐 ヅォ	□どの路線 哪條線 ナァ ティヤオ シェン	□プラットホーム 月台 ユエ タイ	
□この電車 這班車 ゼァ バン ツァー	□1番線 一月台 イー ユエ タイ		

この電車は西門駅へ行きますか？

這班車會到西門站
ゼァ バン ツァーホェイ ダオ シー メン ザン

嗎？
マ

はい。

會。
ホェイ

いいえ、1番線に行ってください。

不會，你要到
ブー ホェイ ニイ ヤオ ダオ

一月台。
イー ユエ タイ

樂 's POINT

▶去西門站要坐哪條線？

一見難しそうな文章ですが、文の構造は次のとおりです。

〔名詞句〕	〔助動詞〕	〔動詞句〕	
去 西 門 站 チュイ シー メン ザン	要 ヤオ	坐 哪 條 線 ヅォ ナァ ティャオ シェン	？
西門駅に行くこと	～する必要がある	どの路線に乗る	
主語	述語		

→ 西門駅に行くには、どの電車に乗ったらいいですか？

英語では、動詞（句）を名詞（句）の働きにするには、-ing 形にしたり to をつけたりする必要がありますが、台湾華語ではそのままで大丈夫です。

63ページで勉強した「要」がありますね。後ろが動詞句なので、働きは助動詞。このように**「～する必要がある」という意味**でも使います。

地下鉄の看板

台湾の地下鉄でよく見かける構内看板を見てみましょう。

▶車内・駅構内マナー①

手機通話禮儀 ソウ　ヂー　トン　ホア　リー　イー	携帯の通話マナー
輕聲細語 チン　セン　シー　ユイ	小さい声で話しましょう
長話短説 ツァン　ホア　ドワン　スオ	長電話しないようにしましょう
簡訊傳送 ヂェン　シュン　ツワン　ソン	ショートメールを送りましょう

▶車内・駅構内マナー②

| 禁止吸菸
ヂン　ズー　シー　イェン | 喫煙禁止 |
| 禁止飲食
ヂン　ズー　イン　スー | 飲食禁止 |

かつて私は「ガムを噛まないように」と駅員さんから注意され、恥ずかしい思いをしました。「ガムまで!?」と思われるでしょうが、気をつけてください。

▶階段の昇り降り

| 上下樓梯
サン　シャ　ロウ　ティー | 階段の昇り降り |
| 請靠右走
チン　カオ　ヨウ　ゾウ | 右側を歩いてください |

ちなみに、台湾のMRTやKRTの階段・エスカレーターは、大阪と同じで、右側に立ち、左側を空けます。東京とは逆ですよ、要注意！

▶エスカレーターの昇り降り

搭乗電扶梯時	エスカレーターに乗るとき
ダー ツェン ディェン フー ティー スー	
為了您的安全	貴方の安全のため
ウェイ ラ ニン ダ アン チュェン	
請勿使用陽傘	日傘を使わないでください
チン ウー スー ヨン ヤン サン	

正直な話、エスカレーターで日傘を使う人を見かけたことはありませんが。

台北・MRT 市政府駅

単語を覚えよう

- □携帯電話 手機 ソウ チー □通話 通話 トン ホア □マナー，エチケット 禮儀 リー イー
- □話し声を小さく 輕聲細語 チン セン シー ユイ □長い 長 ツァン □話 話 ホア
- □短い 短 ドワン □言う，話す 說 スォ □ショートメール 簡訊 チェン シュン □送信する 傳送 ツワン ソン
- □禁止 禁止 チン ズー □喫煙 吸菸 シー イェン □飲食 飲食 イン スー □昇り降り 上下 サン シャ
- □階段 樓梯 ロウ ティー □～側を，～に寄って 靠 カオ □右 右 ヨウ □歩く，行く 走 ゾウ
- □乗る 搭乗 ダー ツェン □エスカレーター 電扶梯 ディェン フー ティー □～のために 為了～ ウェイ ラ
- □安全 安全 アン チュェン □使う 使用 スー ヨン □日傘 陽傘 ヤン サン

69

▶駅構内のインフォメーションの看板

駅構内で迷ったときは、次のように書いてある案内板を探してみましょう。

轉乘資訊
ズワン ツェン ズー シュン　　乗り換え情報

上のように記された看板には、ほかのプラットホームの番号と方向、行き先などが書いてあります。

出口資訊
ツウ コウ ズー シュン　　出口情報

この看板には、出口の方向と、駅付近の情報が書いてあります。
困っときの心強い味方は、やはり案内板ですね。

▶女性も安心！ 専用エリア

ホームのなかほどには、次のように書かれた女性専用の乗車エリアがあります。

夜間婦女候車區
イエ ヂェン フー ニュイ ホウ ツャー チュイ　　夜間女性乗車エリア

この付近には、監視カメラとインターホンがあり、駅員と警備員がパトロールしています。また、盗撮防止のため、「洗手間」（お手洗い、「盥洗室」と書いてあることも
シーソウヂェン　　　　　　　　　　　クァンシー スー
あります）と「哺集乳室」（授乳室）もパトロールしています。お手洗いには緊急を
　　　　　ブーチールウスー
知らせるベルも。痴漢事件が起きたら、警察への通報など速やかに対応してくれますし、状況によっては駅員さんが駅出口のタクシー乗り場まで付き添ってくれますよ。

電車の車内には、妊婦さんや怪我や病気の方に座ってもらうよう用意された
「博愛座」（やさしさシート）があります。駅のホームには、「視障優先椅」
　ボオ アイ ヅォ　　　　　　　　　　　　　　　　　　　　　　　スー サン ヨウ シェンイー
（視覚障がい者優先椅子）と書かれた目の不自由な方のための席もあり、混雑中
でも博愛座と視障優先椅だけが空いているのをしばしば見かけます。私も台
　　ボオ アイ ヅォ　スー サン ヨウ シェンイー
湾人として、そのマナーの高さに嬉しくなります。

樂 's POINT

▶「〜のために」：為了〜

「為了您的安全」の了は、前の為とくっついて、「為了〜」で「〜のため」という意味で使われています。熟語として覚えておきましょう。

▶「〜して／しないでください」：請＋〔動詞〕／請勿＋〔動詞〕〜

「請〜」は、「〜してください」という表現です。「您請說。」（おっしゃってください。）と言ったりするときにも使います。主語の「您」はあってもなくてもOK ですが、年配者や目上の人に言うときは「你」の丁寧語「您」をつけるといいでしょう。

お召しあがりください。	您 請 用。 ／ 請 用。
	ニン チン ヨン ／ チン ヨン

「〜しないでください」のときは、「請勿〜」と言います。

タバコを吸わないでください。	請 勿 吸 菸。
	チン ウー シー イエン

単語を覚えよう

□ 乗り換え 轉 乘	□ 情報 資 訊	□ 出口 出 口	□ 夜間 夜 間
ズワン ツェン	ズー シュン	ツウ コウ	イエ チェン

□ 女性 婦 女	□ 乗車エリア 候 車 區	□ お手洗い 洗 手 間
フー ニュイ	ホウ ツァー チュイ	シー ソウ チェン

□ 授乳室 哺 集 乳 室	□ やさしさシート 博 愛 座
ブー チー ルウ スー	ボオ アイ ヅォ

□ 視覚障がい 視 障	□ 優先椅子 優 先 椅
スー ザン	ヨウ シェン イー

車内でのコミュニケーション

席を譲るのって戸惑うこともありますよね。
例えば、白髪だらけの方を見かけたとき。「顔は若く見えるし、若白髪なのかな。席を譲ってキレられたら怖いし、どうしよう……」と悩んだりします。あるいは、お腹のでっかい女性。「妊婦さんかな？　けど、ただご飯を食べ過ぎているだけなのかもしれない……」と思ったりして、譲るか譲らないか結論をだすのは至難の業です。

結論としては、「擇期不如撞日」（思い立ったが吉日）！　やろうと思ったならやっちゃいましょう！　心のなかで思ったことはぜひ口にだしてください。言葉にするって大切なことなんです。席を譲るときは、こう言いましょう。

| お座りください。 | 您 請 坐。
ニン チン ヅォ |

以前、1人のおばあさんが電車に乗ってきました。すると、私の向かい側の2人掛けシートに座っていた若いカップルが、このフレーズを言ってサッと席を譲りました。やさしいカップルだなぁと思っていたら、

| 一緒に座りましょう！ | 我們 一起 坐 吧！
ウォ メン イー チー ヅォ バ |

と、そのおばあさんは若い2人を誘って、3人でぎゅうぎゅう詰めになってそのシートに座りました。心温まるシーンでした。

地下鉄といえば、桃園空港と台北駅を結ぶ「機場捷運」（空港MRT）ができたよ。各駅停車（普通車）で約45分、快速（直達車）なら約35分でとっても便利！　218、219ページの地図を見てね。

ある日、車内で絵を描いているおじいさんを見かけました。そんな人を電車内で見るのは、生まれてはじめてだったので、話しかけてみました。

お伺いしますが、何をお描きになっていますか？
請問，您在畫什麼？
チン ウェン ニン ザイ ホア セン モ

彼女を描いています。
我在畫她。
ウオ ザイ ホア ター

趣味で似顔絵を描いているそうです。
図々しいかなと思ったけど「我也要」
ウオ イエ ヤオ
（私もほしい）とお願いすると、あまり時間がたたないうちに作品が完成。自分も楽しんで、他人にも喜んでもらえるのはなんといいことだろうと思いました。

このように MRT や KRT では、面白い出来事に遭遇することも多いので、ぜひ乗ってみてくださいね。

単語を覚えよう

- □ 思い立ったが吉日　擇期不如撞日　ザーチーブールウズァンリィ
- □ 私たち　我們　ウオメン
- □ 一緒に　一起　イーチー
- □ 〜しましょう　〜吧　バ
- □ 書く,画　畫　ホア
- □ 何,どんなもの　什麼　センモ
- □ 彼女　她　ター
- □ 〜も(同様に)　〜也　イエ

樂 's POINT

▶「一緒に〜しましょう」：我們一起〜吧

「我們」は「我」の複数形で「私たち」、「一起」は「一緒に〜」という意味の副詞、「吧」は**文末につけて勧誘を表す助詞**で、「我們一起〜吧」で「一緒に〜しましょう」という表現です。使える表現なので、ぜひ覚えてほしいです。

▶「〜している」：在＋〔動詞〕

「在」は61ページでもでてきていますね。そこでは、在＋〔名詞〕という形で、**場所を表す名詞と用いて「〜で」**という意味で使っていました。
ここでは、**動詞と一緒に用いて「〜している」**と動作の進行を表す副詞の働きをしています。在＋〔動詞〕と動詞の前につけて使います。
本文では「何を描いていますか？」「彼女を描いています」と「畫」に進行の意味をつけ加えていますよ。

▶疑問代名詞：什麼

「什麼」は「何」を表す疑問代名詞です。
この単語の「什」は「ㄕㄣˊ」と発音されることもあるし、「ㄕㄜˊ」と発音されることもあるので注意してください。また、40ページの為什麼他不來？の注釈に書きましたが、会話のときには第3声で発音することが多いです。

什麼　什麼

台湾人は相手の話が聞きとれないとき、「はあ？」と聞き返すことが多々あるよ。急に「はあ？」と言われたら、「怒らせちゃったかな」とドギマギするかもしれないね。けど、日本人の「えっ？」「はい？」の感覚で「はあ？」を使っているから、心配ご無用！

今と昔の日本を味わえる台湾の新幹線と鉄道

▶台湾の新幹線に乗ってみよう！

臺北車站（台北駅）とその周辺は、「臺鐵」（台湾鉄道／臺灣鐵路の略）、「高鐵」（台湾の新幹線／台灣高速鐵路の略）はもちろん、一般路線バスや長距離バスなど重要な交通網に直結し、台北の交通の要です。

臺北車站から高鐵で高雄に行ってみましょう。

高鐵は、台湾島の南北を縦断しており、全長345km、最高時速320kmで走っています。なんだか外見が日本の新幹線に似ていませんか？　高鐵には欧州の技術もとり入れられていますが、実は車両はJRが開発した700系新幹線をベースにしたものなんですよ。高雄まで最短約1時間半で行けるので、長距離バスの4時間半より高鐵のほうが断然楽だし速いです。

台北駅の自動券売機

高鉄の車両　©台湾観光局

高雄・高鉄左營駅　©台湾観光局

単語を覚えよう

- □ 台北駅　臺北車站　タイ ベイ ツァー ザン
- □ 台湾鉄道　臺灣鐵路　タイ ワン ティエ ルー　＝　臺鐵　タイ ティエ

- □ 台湾の新幹線　台灣高速鐵路　タイ ワン ガオ スー ティエ ルー　＝　高鐵　ガオ ティエ

ただし、高鐵（ガオティエ）は台湾島の西部を走っているため、大理石の産地や太魯閣峡谷（タイルーガーシャグー）で有名な花蓮（ホアリェン）など東部に行くには、臺鐵（タイティエ）を利用します（バスや飛行機も利用可）。

▶台湾鉄道で昔の日本へタイムスリップ

臺鐵（タイティエ）には100年以上という長い歴史があり、大半が日本統治時代に整備されました。

現在も当時の地名が駅名にそのまま残っているため、「松山（ソンサン）」や「板橋（バンチャオ）」など日本と共通する駅名が多く見られ、その数32駅と言われています。

昔の日本の鉄道の雰囲気が残る台湾の鉄道に、親近感を持つ日本人観光客は多いのではないでしょうか。

昔の日本を探しにぶらり鉄道の旅、臺鐵（タイティエ）もおススメです！

台鉄平渓線
十分駅の景色と
菁桐駅

©台湾観光局
©台湾観光局
太魯閣渓谷

単語を覚えよう　47

□太魯閣渓谷　太（タイ）魯（ルー）閣（ガー）峡（シャ）谷（グー）　□花蓮　花（ホア）蓮（リェン）　□松山　松（ソン）山（サン）

□板橋　板（バン）橋（チャオ）

駅で見かけた様々な言語

台北・迪化街　©台湾観光局

　ある駅のホームで、「旅客請勿跨越軌道」（お客様は線路を渡らないでください）という看板を見かけました。中国語と英語に加え、なんと東南アジアの言語も併記されています。
　台湾では、東南アジアからの外国人労働者が増えています。桃園をはじめ台湾各地でアジア系の飲食店、物産店、雑貨屋などが点在しています。
　台湾は小さい島ですが、多種多様な民族が集まり、お互いに理解・尊重・協力し合い、より良い発展に繋がっていけば嬉しいです。

単語を覚えよう

□ 乗客　旅 (リュイ)・客 (カー)　□ 渡る　跨 (クァ) 越 (ユェ)　□ 線路　軌 (グェイ) 道 (ダオ)

09 バス

路線バス、高速バス、リムジンバス

バスの乗り方

台北（臺北市＋新北市／新北市の前身は臺北縣）では、公車（路線バス）
　　　タイペイスー　シンペイスー　シンペイスー　　　　タイペイシェン　　　　ゴンツャー
網が非常に発達しています。

日本のバス停には時刻表がありますが、台湾のバス停には「發車時間：尖峰
　　　　　　　　　　　　　　　　　　　　　　　　　　　　　ファーツャースーチェン　チェンフォン
7-10分／離峰 10-15分／假日 10-15分」のように何分間隔でバスがく
テーフェン　リーフォン　スーウーフェン　チャリィ　スーウーフェン
るかが書いてあり、時刻表はありません。以前10分間隔で走っている路線バス
を利用した際、渋滞のため長いこと待たされたのち、なんと3本いっぺんにバ
スがきて、びっくりしたことがあります。

バスに乗るときは、行き先と路線番号を確認し
て、停留所で手を挙げてバスを停めます。
ルール違反ではありますが、停留所から少し離
れていても、好意で停まって乗せてくれる運転
手さんもいます。けれど、ちゃんとバス停から
乗りましょうね。

可愛らしいバス停

単語を覚えよう　50

□新北 新北 シンペイ	□(行政区分の)縣 縣 シェン	□バス 公車 ゴンツャー
□運転間隔 發車時間 ファーツャースーチェン	□ピーク,混雑時 尖峰 チェンフォン	
□オフピーク,平時 離峰 リーフォン	□休日 假日 チャリィ	□〜分(時間) 〜分 フェン

78

バスの運賃の支払いはちょっとややこしいので、詳しく説明しましょう。

運賃の支払いタイミングは車内の電光掲示板に表示され、「上車收票」なら乗車時に、「下車收票」ならば下車時に支払います。普通は下車時＝後払いです。運賃は台北市内の路線バスならば、日本の都市部同様、1区間均一です。この運賃均一の区間を「1段票」と言います。

郊外へ行くような比較的長距離となると、区間が分かれる「分段點」（運賃境界）があります。運賃が2区間分になる場合を「2段票」と言い、乗車時と下車時に運賃を支払ったりします。さらに、「3段票」の路線もあります。ここからがややこしいので、図を使って説明します。

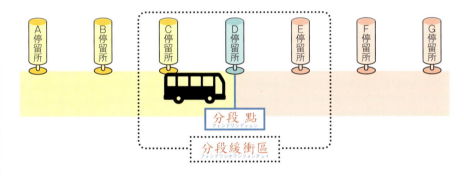

❶ A→DあるいはD→Gでバスを利用した際は、ともに1区間内なので、1段票、1区間分の運賃です。

❷ A→Gは分段點のDをまたぐので、2段票になります。

❸ C→Eでバスを利用すると、分段點のDを越えているので、❶・❷のルールならば2段票になります。けれど、2停留所分しか乗っていないのに、2区間の運賃を支払うなんてなんだか納得できません。そこで「分段緩衝區」（バッファゾーン）が設けられています。分段緩衝區内での乗り降りは、分段點の停留所を通過しても区間をまたいだことにならないので、C→Eが1段票になるのはもちろん、A→EでもC→Gでも1段票です。

ややこしかったですが、わかったかな？

車内では両替ができず、お釣りもでないので、小銭か IC カードを用意しましょう。IC カードを使うと、MRT からバスに乗り換えるときに割引がありますよ。

バスに乗るときに、このバスでいいのか自信がない場合は、思い切って運転手さんに聞いてみましょう。

49

お尋ねしますが、龍山寺に着きますか？
請問，
チン　ウェン
會到龍山寺嗎？
ホエイ　ダオ　ロン　サン　スー　マ

はい！
會！
ホエイ

いいえ。263番のバスに乗ってください。
不會。你要搭2ル6ヌ3ム。
ブー　ホエイ　ニイ　ヤオ　ダー　アー　リョウ　サン

はい、ありがとうございます。
好，謝謝。
ハオ　シエ　シエ

単語を覚えよう　**50**

□乗車時払い　上車收票　サン　ツァー　ソウ　ピャオ　　□降車時払い　下車收票　シャ　ツァー　ソウ　ピャオ

□区間　段　ドワン　　□運賃境界　分段點　フェン　ドワン　ディエン

□バッファゾーン　分段緩衝區　フェン　ドワン　ホワン　ツォン　チュイ　　□龍山寺　龍山寺　ロン　サン　スー　　□乗る　搭　ダー

樂 's POINT

▶「可能性」を表す助動詞：會

「會」は**可能性を表す助動詞**で、**會＋〔動詞（句）〕**の形で使います。
「會」を使った疑問文で質問をされたら、肯定の場合は「會」（はい）、否定の場合は「不會」（いいえ）で答えます。
実は、この助動詞「會」は何度かでてきています。覚えているかな？
そう、電車に乗るときに、この電車でいいか尋ねるのにも使いましたね（67㌻参照）。

▶「～しなければならない」「～する必要がある」：要～

「要」も何度かでてきています。**動詞**と**助動詞**の働きがありますよね。
さらに助動詞の場合は「～したい」（63㌻）、「～する必要がある」（67㌻）という意味のほか、「**～しなければならない**」という意味でも使われます。
「たくさんあってこんがらがる！」となるかもしれませんが、慣れていきましょう。時間をかけた分だけ、努力は必ず報われますよ。

▶「乗る」：搭，坐

「搭」は「**乗る**」という意味で、「坐」と同じです。66㌻では「坐」を使った文を例にあげています。

> 2019年から、バスに乗る時も降りる時もICカードを使うことになったよ！ バス車内には「上下車 刷卡」（乗降車時にカードをかざす）と表示されていて、乗車時と降車時にそれぞれピッすればOK。もちろん現金支払いもできるよ。

人にやさしいバスの車内

ある日、停留所でバスを待っていると、女性がベビーカーを押してやってきました。1人でベビーカーを持ちあげるのは大変そうだったので、

手伝いましょうか？	需要幫忙嗎？ シュイ ヤオ バン マン マ

と言って、一緒に持ちあげてバスに乗りました。「謝謝」と言われ、嬉しい気持ちになりました。
シエ シエ

台湾のバスでも、もちろんベビーカーに赤ちゃんを乗せたまま乗車することができます。車内には、リラックスできる音楽も流れており、さらに一部のバスでは、車いすや補助犬用のスペースなどが設置されています。台湾のバスは、思いやりの気持ちであふれた環境です。

あるバス会社は、クリスマスになると運転手さんがサンタクロースの格好をして、バスに乗る子どもたちに飴を配るそうです。車内も豪華に飾りつけられクリスマスの雰囲気を演出。「それが社会貢献につながり、お客さんにも喜んでいただければ」という思いから、毎年取り組んでいるそうです。

単語を覚えよう

□ 必要とする　需要　　□ 助け　幫忙
　　　　　　シュイ ヤオ　　　　　バン マン

また、車内にはスリや痴漢にあったとき用のホイッスルやボタンがあります。実際に使われることはほとんどありませんが、スリや痴漢が見たらやる気がなくなるため、犯罪防止にひと役買っているアイテムです。

樂's POINT

▶「〜が必要ですか？」「〜しましょうか？」：需要〜嗎？

「需要」は「必要とする」という意味の動詞です。
先の文を詳しく見てみましょう。

まずこの文では、主語の你が省略されています。「需要〜嗎？」の文では主語はあってもなくても大丈夫で、よく省略されます。

〔主語：你〕が省略され、〔動詞：需要〕の後ろに〔目的語：幫忙（助け）〕、最後に〔疑問の助詞：嗎〕があるので、直訳は「（あなたは）助けが必要ですか？」となります。つまり、「手伝いましょうか？」という意味になるわけです。

便利な高速バス・リムジンバス

台湾各地へ向かうとき、高鐵のチケットは高くてなかなか手が届かなかったりして、安くて本数もたくさんある高速バスは今でも根強い人気があります。また、台湾東部は高鐵が通っていないので、高速バスを利用することになります。台湾で高速バスと言えば、台湾全土を網羅している「國光客運」。かつては国有企業でしたが、現在は民営化されています。

日本人が旅行で台湾にきた場合、桃園機場（桃園国際空港）と臺北車站（台北駅）との往復に高速バスのお世話になる方が多いかな。
カウンターでチケットを買う際に使える簡単なフレーズは——

53

台北駅まで1枚。	➡	到 臺 北 車 站 一 張。 ダオ タイ ベイ ツァーザン イー ザン
桃園空港まで1枚。	➡	到 桃 園 機 場 一 張。 ダオ タオ ユェン ヂー ツァン イー ザン

台北のホテルのなかには、桃園国際空港を往復する「機場巴士」（空港バス＝リムジンバス）をだしているところもあります。ホテルを予約する際に、聞いてみましょう。

単語を覚えよう
54

□ 国光バス（台湾のバス事業者の１つ）　國 光 客 運
グオ グワン カー ユン

□ リムジン（空港）バス　機 場 巴 士
ヂー ツァン バー スー

| 桃園までのリムジンバスはありますか？ | 有(ㄧㄡˇ) 到(ㄉㄠˋ) 桃(ㄊㄠˊ) 園(ㄩㄢˊ) 的(ㄉㄜ˙) 機(ㄐㄧ) 場(ㄔㄤˇ) 巴(ㄅㄚ) 士(ㄕˋ) 嗎(ㄇㄚ˙)？
ヨウ ダオ タオ ユェンダ ヂー ツァン バー スー マ |

樂 's POINT

▶「ホテル」もピンキリ

ひと口に「ホテル」と言っても、台湾では色々な「ホテル」の表現があります。よく使われている表現とイメージは次のとおりです。

「ホテル」などを意味する台湾華語	イメージ
旅社(リュイ セア) / 旅舍(リュイ セア) / 旅店(リュイ ディェン)	「リーズナブルなホテル」かな。
旅館(リュイ グァン) 商務旅館(サン ウー リュイ グァン)	「ビジネスホテル」。
汽車旅館(チー ツャー リュイ グァン)	「モーテル」。
青年旅館(チン ニェン リュイ グァン)	「ユースホステル」。
民宿(ミン スー)	「ペンション」。
賓館(ピン グァン)	「ラブホテル」のイメージが強いかな。
飯店(ファン ディェン)	中国本土の「飯店」は「ホテル」のほかに「レストラン」という意味もありますが、台湾の「飯店」は「ホテル」という意味だけ。
酒店(ヂョウ ディェン)	「ホテル」も指しますが、台湾では文字どおり「酒」を飲む飲食「店」も指し、キャバクラという意味で捉えてしまうこともあります。

10 二輪の乗り物
自転車と原付

レンタサイクルを使ってみよう！

自転車は、台湾華語で「脚踏車」「單車」「自行車」と言います。中国本土では「自行车」ですね。

台北や台中、彰化では、YouBike というレンタサイクルサービスがあります。「エコで便利だし可愛い」とブームになっており、設置場所と台数は年々増えているそうです。天気が良い日は、自転車をレンタルしてサイクリングもいいかもしれませんね。YouBike の利用には「註冊會員」（会員登録）制と「單次租車」（1回レンタル）制があり、それぞれ次のようにしてレンタルできます。

❶「註冊會員」
（必要なもの：台湾の携帯電話・クレジットカードか EasyCard）
Kiosk（自転車のそばに置いてある機械）で「成為會員」を選択し、台湾の携帯電話番号を入力します。ショートメールに送られてくる認証番号を入力したら、今度は 8 から 12 文字のパスワード（英数字）を設定し、クレジットカードあるいは EasyCard の番号を入力して、会員登録完了。Web でも事前登録できます。借りるときは、登録したクレジットカードか EasyCard だけで簡単に借りられます。

❷「單次租車」（必要なもの：クレジットカード）
Kiosk で「單次租車」を選択し、画面の指示に従ってクレジットカード情報を画面で入力するだけで借りられます。

単語を覚えよう

□自転車 腳踏車 ＝ 單車 ＝ 自行車　□登録 註冊

□会員 會員　□〜になる 成為　□1回 單次　□レンタル 租

庶民の足「原付」

日本では道を歩いていると、勢いよく走ってくる自転車に驚かされますが、台湾で驚かされるのは「機車」（チーツャー）（原動機付自転車）の多さでしょう。
いたるところに原付が駐車されていますし、突然道の脇から原付が飛びだしてくることもよくあるので、要注意です。

台湾では、原付はまさに庶民の足です。2人乗りは日常茶飯事ですが、なかには3人乗り（夫婦と子ども）、さらには4人乗り？（夫婦と子どもに加え、ワンちゃんまで！）も見たことがあります。台湾のワンちゃんはすごいですよ。信号待ちで停まると、バイクから飛び下り少し散歩して、青になったら原付に戻るんです。

原付は単なる移動手段と思われがちですが、ひと昔前の台湾の大学生にとって、原付は「聯誼」（リェンイー）（合コン）手段の1つでもありました。
男子十数人、女子十数人が集まって、原付で海や山へ遊びに行くのです。1人ひとり原付に乗ったのではただのツーリングですが、そのとき使うのは男子の原付のみ。ごちゃまぜにした原付のカギを女の子に選んでもらい、カギの持ち主とペアになって2人乗りででかけるのです。どんなペアになるかわからないので、ワクワク感満点。
3回もペアになった男女が、その後付き合って婚約したとニュースで話題になったこともありました。

単語を覚えよう

☐ 原動機付自転車, 原付　機車（チーツャー）　　☐ 合コン　聯誼（リェンイー）

歩行者用信号機

台湾の横断歩道には、世界に誇る「行人専用號誌燈」（歩行者用信号機）があります。横断時間が数字で表示されるのに加えて、信号機のなかの「小綠人」（ちび緑ちゃん）が動き、歩くスピードを変えて残り時間を教えてくれるのです。小綠人は、はじめは普通に歩いているのに、残り時間が少なくなると猛ダッシュしはじめ、最後は赤い洋服に着替えて立ち止まる、という相当ユニークな信号機です。

台北１０１の近くが、この信号の発祥の地らしいです。近くに行ったら、ぜひ探してみてください。

台北（左）と高雄（右）の小綠人信号機　　©台湾観光局

ただし、歩行者用信号が青になっても、間際に突進してくる自動車や原付が多いので、しっかりと左右の安全を確認してから渡りましょう。

１日目は、これで終わりです。台湾の交通事情を把握できたでしょうか。
と言っても、現地に行かないとわからないこともたくさんあります。現地で、見て聞いて調べて、移動手段を開拓していってください。
さて２日目は、移動するにも欠かせない「お金」の話から入りますよ。

単語を覚えよう

□ 歩行者用信号機　行人専用號誌燈
□ ちび緑ちゃん　小綠人　　□ 台北101　台北１０１

column 知っておきたい！　台湾のお手洗い事情

日本人の友だちからよく聞く、台湾で最初に覚える台湾華語は──

> お手洗いはどう行けばいいですか？

洗ㄒㄧˇ手ㄕㄡˇ間ㄐㄧㄢ怎ㄗㄣˇ麼˙走ㄗㄡˇ？
シー　ソウ　チェン　ゼン　モ　ゾウ

洗手間（お手洗い／トイレは「廁所」と言います。「盥洗室」と書い
シー ソウ チェン　　　　　　　　　ツァ オ　　　　　グァン シー ズー
てあることもあります）は人間にとって必要不可欠な存在ですよね。

台湾のお手洗いは、日本と若干異なります。例えば「衛生紙」（トイ
　　　　　　　　　　　　　　　　　　　　　　　　ウェイ センズー
レットペーパー）は、そのまま便器に流せないので、「垃圾桶」（ゴミ
　　　　　　　　　　　　　　　　　　　　　　　　　ラー サー トン
箱）に入れます。匂いが残りますが、台湾人はあまり意識しません。また、便座のフタは開けっ放しにする習慣があります。

手を洗ったあとに、手を拭く紙をくれる機械もあります。手をセンサーにかざすと、手を拭く紙がペローッとでてくるので、1回分の紙を引きちぎって使います。

手をかざすと、紙がでる機械

単語を覚えよう

□トイレ　廁ㄘˋ所ㄙㄨㄛˇ　□トイレットペーパー　衛ㄨㄟˋ生ㄕㄥ紙ㄓˇ
　　　　　ツァ　スオ　　　　　　　　　　　　　　　　ウェイ　セン　ズー

□ゴミ箱　垃ㄌㄚ圾ㄙㄜˋ桶ㄊㄨㄥˇ
　　　　　ラー　サー　トン

ちなみに、日本語がまだまだな私は、日本の生活でよく失敗します。言葉を使わないハズのトイレでも失敗したことがあります。

ある喫茶店でトイレに入ったときのこと。
入るなり便座が自動的に開き、びっくりしました。なんと親切な便座だろうと関心したのまでは良かったのですが、用を足したあとに――。
日本のトイレには、横にボタンが色々ついているものがあります。私は、書かれている文字が漢字ならなんとなく意味がわかりますが、カタカナはまだ苦手です。そのボタンに書かれているのはカタカナのみで、用途がよくわかりませんでしたが、押してみれば使い方がわかってくるんじゃないかと、軽い気持ちで適当にボタンを押してみました。
数秒後、トイレのなかから棒状のものがでてきました。のぞいていると突然、強く水をだしはじめました。冷たい！　無情にも顔にめがけてビシャーっと水をかけられた私は、何がなんだかわからず「やめてくれ、やめてくれ」と言いながら、台湾にいる母親に助けの電話をかけようかと思ったほど大慌てしました。やっとの思いで放水を止め、トイレからでたときには、上半身びしょびしょになっていました。
帰宅後、辞書をひくと、あのボタンは女性専用だったことがわかりました。

「間違っていてもいいから思い切って挑戦すれば、自分の新しい一面が見えてくるもの！」と日々色々とチャレンジしていますが、このチャレンジ精神のおかげでトイレでも大変貴重な思い出ができました（笑）。

台湾を旅するあなたも、ときには失敗することもあると思いますが、熱いチャレンジ精神でものごとにぶつかっていきましょう！

台湾のご祝儀・香典事情①

（103ページに続く）

1日目はこれで終わり。2日目はお金の話から入ります。ちょっと先取りして、ここでもお金の話をしましょう。

台湾の冠婚葬祭では、ご祝儀と香典をおくる習慣があります。

ご祝儀には「紅包（ホンバオ）」という赤い（おめでたい色）袋を使い、ご祝儀のお金は「禮金（リーチン）」と言います。香典には「白包（バイバオ）」という白い袋を使い、お金は「奠儀（ディエンイー）」と言います。では金額は？

▶結婚式のご祝儀

新郎新婦との親密さで金額を決めます。だいたいの目安は――

とくに仲の良い友だち			知り合い程度
□ 3,600 塊（錢）	□ 3,000 塊（錢）	□ 2,200 塊（錢）	□ 2,000 塊（錢）

用事があって結婚式や披露宴にでられないときも、ご祝儀を渡して、お祝いの気持ちは伝えたいものですね。お祝いのフレーズはこちら。

ご結婚おめでとうございます！　新婚愉快！（シン フン ユイ クァイ）

単語を覚えよう

□ ご祝儀袋　紅包（ホン バオ）　　□ ご祝儀　禮金（リー チン）

□ 香典袋　白包（バイ バオ）　　□ 香典　奠儀（ディエン イー）

2日目

夜市に、
　百貨店に、
　お買い物を
　　　楽しもう

11 目が$マークに！ お金の話です

台湾の通貨と数字を覚えよう

台湾の銀行・郵便局・
外国為替の案内・整理券発券機・
硬貨と紙幣

両替をしよう！

NTDやNT$と略される台湾のお金は「新臺幣」(ニュー台湾ドル・New Taiwan Dollar／通貨コードはTWD)と言います。
単位は、コインやお札には「圓」(円の旧字体)と表記してありますが、一般的に「元」(圓と同じ発音)を使うことが多く、さらに口語では「塊」や「塊錢」と言うのが普通です。
中国本土のお金「人民幣」と同じ単位ですが、レートが違うし、お互い通用しません。つまり、中国本土のお金とは別のものです。

日本のお金との両替は、空港や街の銀行でできます。
空港では、手数料がかかりますが、台湾華語を話す必要なし、パスポートの提示なし(高額のときは別)と便利です。
街なかの銀行で両替するときは、「外匯」(外国為替)の看板に従って、両替窓口へ進みましょう。両替するときは、次の手順で。

❶「號碼牌」(整理券)を引く
❷番号を呼ばれたらカウンターに移動
❸パスポートと日本の紙幣(硬貨不可)を提示
❹そのときの為替レートで換算(レートは銀行内の表示をご確認ください)
❺台湾のお金を受け取り、サインをする

単語を覚えよう

□台湾の通貨	新臺幣	□通貨の単位	圓＝元＝塊＝塊錢
□人民元	人民幣	□外国為替	外匯	□整理券	號碼牌

お金を受け取ったあとに、封筒が欲しいときのフレーズはこれ。

63

> 封筒をいただけますか？

可_{ㄎㄜ} 以_ˇ 跟_{ㄍㄣ} 您_{ㄋㄧㄣˊ} 要_{ㄧㄠˋ}
カー　イー　ガン　ニン　ヤオ

（一_ㄧ）[＊] 個_{ㄍㄜˋ} 信_{ㄒㄧㄣˋ} 封_{ㄈㄥ} 嗎_{ㄇㄚˊ}？
イー　　　ガ　シン　フォン　マ

＊一：発音しなくても OK です。

以前、銀行に勤めている人から聞きましたが、銀行では「旅行支票」も扱って
リュイシン ズー ピャオ
いますが、手数料をたくさんとるのでおススメしないそうです。
台湾の銀行窓口は通常、午前9時から午後3時30分までしか開いておらず、
土・日は休みですので、気をつけてくださいね。

樂 's POINT

▶「あなたと」「あなたに」：跟您

「跟」は話し言葉で、「～と，～に」と「動作の対象を導く前置詞」です。その
ガン
後ろの「您」は動作の対象です。
ニン
上のフレーズは主語の我が省略されており、（我）可以要（一）個信封嗎？
ウォ　　　　　　 ウォ カー イー ヤオ　イー　ガ シン フォンマ
で「封筒を1つもらえますか？」という意味になります。さらに跟您「あなた
ガン ニン
に対して（お願いしています）」を加えることで、丁寧さを増しています。「可
カー
以跟您～嗎？」で、お願いをする際によく使う丁寧な表現です。
イー ガン ニン　マ

単語を覚えよう

64

□～と 跟_{ㄍㄣ}～　□封筒 信_{ㄒㄧㄣˋ}封_{ㄈㄥ}　□旅行 旅_{ㄌㄩˇ}・行_{ㄒㄧㄥˊ}　□小切手 支_ㄓ票_{ㄆㄧㄠˋ}
　　　ガン　　　　　　シン　フォン　　　　　リュイ　シン　　　　　　ズー　ピャオ

□トラベラーズチェック 旅_{ㄌㄩˇ}・行_{ㄒㄧㄥˊ} 支_ㄓ票_{ㄆㄧㄠˋ}
　　　　　　　　　リュイ　シン　ズー　ピャオ

台湾人の数字の数え方

ここで、数の言い方も覚えてしまいましょう。一気に覚えるのは大変ですから、「0～4」「5～9」「10～」の3つのかたまりで覚えましょう。

🔊 65

「0」から「4」

| 0 | 零 リン | 1 | 一 イー | 2 | 二 アー | 兩 リャン | 3 | 三 サン | 4 | 四 スー |

「2」には「二」と「兩」の2種類の発音と漢字表記があります。「二」は「1、2、3、4、……」と数字を述べるときに使い、「兩」は「1個、2個、3個、4個、……」とものごとの数を数えるときに使います。
では、続けて「5～9」までを覚えましょう。

🔊 66

「5」から「9」

| 5 | 五 ウー | 6 | 六 リョウ | 7 | 七 チー | 8 | 八 バー | 9 | 九 ヂョウ |

1桁数字はこれで終わり！ 最後に2桁以上の数字を覚えましょう。

🔊 67

「10」「100」「1,000」「10,000」

| 10 | 十 スー | 100 | 一百 イーバイ | 1,000 | 一千 イーチェン | 10,000 | 一萬 イーワン |

2桁以上の数字は、日本語と同じように上の3つのかたまりを組み合わせるだけです。例えば、12は十二、345は三百四十五、6,789は六千七百八十九となります。

ここで注意したいのは、「10」と言いたいときは日本語と同じ様に「十」と言えばOKですが、「100」と言うときは「一百」と「一」をつける必要があります。同様に「1,000」「10,000」も「一千」「一萬」と「一」が必要です。

では、組み合わせて2桁以上の数の言い方を練習しましょう。

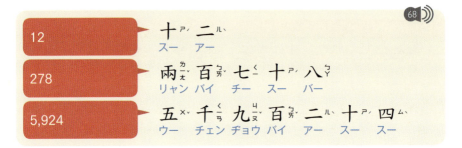

次は、ゼロが混じった4桁以上の数字を練習しましょう。

さて、ここで気になったことがありませんか？ 二・兩の使い分けを先ほどは「数字を述べる」・「数を数える」と説明しましたが、補足しましょう。
2桁以上の数字の場合、二十のように十の前では二を使いますが、百・千・萬の前では主に兩を用います。また、桁の多い数の1の位では兩は使いません。
ややこしいですが、上の数字を何度も発音して、口で覚えてしまいましょう。

台湾の硬貨・紙幣の種類

ちょっとおさらい。台湾ではお金の単位を、貨幣には「圓」と表記してあり、日常生活では「元（ユェン）」と書き、会話では「塊（クァイ）（錢（チェン））」と言いましたね。
ここでは台湾の硬貨・紙幣の種類を紹介します。
硬貨も紙幣もそれぞれ5種類ずつあります。けれど、2000元札や200元札、20元硬貨はあまり見かけないかな。

硬貨		紙幣	
50元	50塊ㄎㄨㄞˋ（錢ㄑㄧㄢˊ） ウースークァイ　チェン	2,000元	2,000塊ㄎㄨㄞˋ（錢ㄑㄧㄢˊ） リャンチェン クァイ　チェン
20元	20塊ㄎㄨㄞˋ（錢ㄑㄧㄢˊ） アースークァイ　チェン	1,000元	1,000塊ㄎㄨㄞˋ（錢ㄑㄧㄢˊ） イーチェン クァイ　チェン
10元	10塊ㄎㄨㄞˋ（錢ㄑㄧㄢˊ） スー　クァイ　チェン	500元	500塊ㄎㄨㄞˋ（錢ㄑㄧㄢˊ） ウーバイ クァイ　チェン
5元	5塊ㄎㄨㄞˋ（錢ㄑㄧㄢˊ） ウークァイ　チェン	200元	200塊ㄎㄨㄞˋ（錢ㄑㄧㄢˊ） リャンバイクァイ　チェン
1元	1塊ㄎㄨㄞˋ（錢ㄑㄧㄢˊ） イークァイ　チェン	100元	100塊ㄎㄨㄞˋ（錢ㄑㄧㄢˊ） イーバイ クァイ　チェン

 金額や時間を書くとき、台湾では一般的にアラビア数字*を使うよ。

＊アラビア数字と通貨単位：
　本書では基本的にアラビア数字にはボポモフォをつけず、カタカナ読みのみ表記します。また、お金の単位には、書き文字（元，圓）・話し言葉（塊錢）がありますが、本書は会話フレーズ中心の内容なので、基本的には話し言葉の塊錢を使用します。

小銭に両替したい場合は、次のフレーズ。

> すみません、
> 小銭に両替したい
> のですが。

不 好 意 思，
ブー ハオ イー スー
我 想 換 零 錢。
ウオ シアン ホワン リン チェン

樂 's POINT

▶「〜したい」「〜したいと思う」：想〜

「想」は「したい（と思う）」という「希望を表す助動詞」で、「想＋〔動詞（句)〕」の形で使います。

> 私は台湾に
> 行きたい。

我 想 去 台 灣。
ウオ シアン チュイ タイ ワン

▶「小銭，細かいお金」：零錢

先ほど習ったとおり「零」は「ゼロ」のことですが、「細々した，まとまっていない」という意味もあり、「零錢」で「細かいお金，小銭」という意味の名詞になります。お会計の際に、次のように店員さんに伝えるときにも使います。

> 細かいお金が
> あります。

我 有 零 錢。
ウオ ヨウ リン チェン

単語を覚えよう

□〜したい 想〜 シアン □換える 換 ホワン □小銭，細かいお金 零 錢 リン チェン

郵便局で絵ハガキを送ろう

数字とお金の言い方をマスターしたので、早速お金を使ってみましょう。旅の記念に「郵局」（郵便局）でハガキをだすのもいいかもしれません。

郵便局と言うと日本では赤色のイメージですが、台湾の郵局は緑色です。台湾では、緑色には「なんでも順調にいく」「元気いっぱいに対応してくれる」という意味合いがあります。
郵局の営業時間は郵便・貯金業務ともに平日朝8時から午後17時までです。日本の郵便局よりも長いですね。

台湾で見つけた可愛い「風景明信片」（絵ハガキ）を日本の友だちに送ってみましょう。「航空郵件」（Air Mail）は14cm×幅9cm以内のハガキ（日本のハガキよりひとまわり小さいので注意！）なら、10塊（錢）切手で送れます。

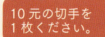
10元の切手を1枚ください。

我要一張十塊（的）郵票。
ウオ ヤオ イー ザン スー グァイ ダ ヨウ ピャオ

絵ハガキに友だちへのメッセージや宛て名を書き、切手を貼ったら、あとは投函するだけ。あっ、国名「Japan」と「Air Mail」を記すのも忘れずに。

単語を覚えよう

□ 郵便局　郵局　ヨウ チュイ
□ 絵ハガキ　風景明信片　フォンヂン ミン シン ピェン
□ Air Mail　航空郵件　ハン コン ヨウ チェン
□ 切手　郵票　ヨウ ピャオ

2日目　夜市に、百貨店に、お買い物を楽しもう

101

では、「郵筒ヨウトン」（ポスト）にだしましょう。
日本のポストは赤色１種ですが、台湾のポストは緑色と赤色の２種類のポストがあります。緑色のポストは、通常の郵便を送るときに使用。台北なら「臺北市タイベイスー」（台北市内）と「其他地區チーターディチュイ」（その他のエリア）などと投函口に書いてあります。Air Mailは赤色のポスト「航空郵件ハンコンヨウチェン」と書いてある投函口に入れてくださいね。赤色には「限時郵件シェンスーヨウチェン」（速達）の投函口もあります。

絵ハガキをとおして、日本にいる友だちに台湾の美しさ、楽しさ、素晴らしさを伝えていただければ嬉しいです。とにかく、一件落着！　達成感!!

台北駅近くの台北北門郵便局は歴史建築物としても有名だからぜひ行ってみてね。

単語を覚えよう

□ ポスト　郵ヨウ筒トン　□ その他　其チー他ター　□ 地域, エリア　地ディ區チュイ

□ 速達　限シェン時スー郵ヨウ件チェン　□ 死ぬ　死スー ↔ 生きる　活ホオ

台湾のご祝儀・香典事情② （92ﾍﾟｰの続き）

▶香典

香典は大きな金額にしないでください。めでたいことではないですから。相場は、奇数の 1,100 塊（錢）、2,100 塊（錢）などです。
イーチェンイーバイ クァイ チェン　リャンチェンイーバイ クァイ チェン

覚えておきたいフレーズは──

> ご愁傷様です。　請 節 哀 順 變。
> 　　　　　　　　チン ヂエ アイ スン ビェン

このフレーズの直訳は「悲しみを抑えて、思わぬ出来事に順応してください」です。成句としてこのまま覚えましょう。

ご祝儀（92ﾍﾟｰ）と香典の金額を見て気づいたことはありませんか？
日本では、偶数は「割り切れる」ため「割れる＝別れる」「縁が切れる」を連想させ縁起が悪いとされています。一方台湾では、偶数は「対になる」ことから縁起の良い数（4→死は除く）とされており、逆に
スー　スー
奇数が縁起の悪い数とされています。そのため、奇数と偶数の扱いが、日本と台湾では逆なのです。**偶数と奇数の違いに気をつけましょう！**

台湾留学をしていた日本人の友だちが、台湾では結婚披露宴によく誘われ、知らない人の結婚式まで行ったことがあると話していました。
知らない人とは、その友人の知り合いのおばあさんが親しくしている人の息子さん。もう何がなんだかわからないですよね……。
けど、台湾ではこれってないこともないかな（笑）。

12 コンビニ・スーパーでお買い物

密集率世界一のコンビニ

旅先で「あっ、歯ブラシを忘れた……」ということ、ありますよね。そんなイザというときに助かるコンビニやスーパー。外資の参入も多いですが、やはり台湾独特の風習が根づいています。

台湾は、便利商店（コンビニエンスストア）密集率が世界一高いと言われます。
ビェンリー サン ティェン
日本でもお馴染みの「7－11」（略称：7）や「全家便利商店」（ファミリー
セブン イレブン　　　　セブン　　　　チュエンチア ビェンリー サン ティェン
マート／略称：全家）はもちろん、台湾系の「OK mart」（略称：OK）や「萊
チュエンチア　　　　　　　　　　　　　　　　　　　オーケー マート　　　　　オーケー　　ライ
爾富」（Hi-Life）というコンビニチェーンもあります。
アー フー

台湾のコンビニ「Hi-Life」
と
卵の烏龍茶煮

単語を覚えよう

□ファミリーマート　全　家　便　利　商　店　　□Hi-Life　萊　爾　富
　　　　　　　　　チュエン　チア　ビェン　リー　サン　ディェン　　　　　　　ライ　アー　フー

台湾のコンビニには、日本のコンビニと違うところがいくつかあります。
日本のコンビニでは両替お断りのところが多いけれど、台湾はどこでも両替してくれます。また、表示価格は全て税込みなので、税金を暗算する必要なしで楽チンです。

日本同様「關東煮」（おでん）もありますが、近くに置いてある「冬粉」（春雨）をおでんに追加できます。また、烏龍茶で煮た卵「茶葉蛋」は台湾のコンビニの定番商品です。

日本のコンビニでは各社ポイントカードやICカードがありますが、日本系も含めて台湾のコンビニにはありません。けれど悠遊卡は使えますよ。

コンビニに行って、目当てのものが見つからないときには、店員さんにこう聞きましょう。

| お尋ねしますが、歯ブラシはありますか？ | 請問，有牙刷嗎？ チン ウェン ヨウ ヤア スワ マ |

| 言い換えよう | □お手洗い 洗手間 シー ソウ チェン □使い捨てパンツ 免洗褲 ミェン シー クウ |

単語を覚えよう

□おでん 關東煮（グァンドンズー） □春雨 冬粉（ドンフェン） □卵の烏龍茶煮 茶葉蛋（ツァイエダン）

□歯ブラシ 牙刷（ヤアスワ） ↔ 歯磨き粉 牙膏（ヤアガオ）

時間を聞きたいときには──（下記以外の「時・暦」の言い方は 210ページ参照）

> 🔊 75

今何時ですか？

現 在 幾 點 了 ？
シェン ザイ ヂー ディエン ラ

5時です。

五 點 了 。
ウー ディエン ラ

樂 's POINT

▶決まった数や時間の尋ね方：幾〜

時間や月日など**上限が決まっている数や 10 以下の数を尋ねるとき**は疑問代名詞「幾」を使います。時間を聞くときは「幾點」、月日は次のように言います。
チー　　　　　　　　　　　　　　　　　　　　　チー ディエン

> 🔊 77

今日は何月何日ですか？

今 天 幾 月 幾 號 ＊ ？
ヂン ティエン ヂー ユエ ヂー ハオ

＊**號**：月日の「日」を表すとき、話し言葉では**號**を使いますが、書き言葉では**日**を使います。

▶ものごとの変化や発生の表し方：文末の了

〔動詞／形容詞〕＋**了**は動作・行為の「完了」を表しますが、**文末の了**は事態の「変化」や「発生」を表します。本文では「変化」の意味で置いてありますね。

単語を覚えよう

> 🔊 76

□〜時 〜**點** □今,現在 **現 在** □今日 **今 天** □〜月 〜**月**
　　　 ディエン　　　　　　シェン ザイ　　　　　ヂン ティエン　　　　ユエ

□〜日（口語）〜**號** ,（文語）〜 **日**
　　　　　　　　 ハオ　　　　　　　 リィ

スーパーでローカルな空気を楽しもう

スーパーマーケットは台湾華語では「超市」と言います。
コストコのように食品から衣類、車用品まであらゆるものをとりそろえていて値段も割安な「大賣場」（倉庫店，量販店）も人気です。会員登録なしで買い物ができる大賣場もあるので、台湾では普段どんなものが使われているのかを見に行ってみても面白いですよ。
台湾系のスーパーでは「大潤發」や「愛買」などが大手です。アメリカ系の「好市多」（コストコ）やフランス系の「家樂福」（カルフール）も台湾のいたるところにあります。

スーパーでのお買い物に便利な「推車」（カート）。けれど、日本人が推車を使おうとするとちょっと戸惑うかもしれません。台湾では推車を使うのに、10塊（錢）硬貨を入れロックを解除する必要があります。ただし、使用後には10塊（錢）は戻ってくるのでご安心を。

単語を覚えよう

□ スーパーマーケット	超市	□ 倉庫店,量販店	大賣場
□ 台湾の大手スーパー	大潤發／愛買	□ コストコ	好市多
□ カルフール	家樂福	□ カート	推車

2日目　夜市に、百貨店に、お買い物を楽しもう

台湾では、お会計のとき、店員さんに色々聞かれることがあります。

会員カードか割引券はお持ちですか？	有 會 員 卡 或 ヨウ ホエイ ユエン カー ホオ 優 惠 券 嗎？ ヨウ ホエイ チュエン マ
ありません。／あります。	沒 有。／ 有。 メイ ヨウ ヨウ
レジ袋はいりますか？ 会社番号は必要ですか？	要 不 要 袋 子？ ヤオ ブ ヤオ タイ ズ 要 不 要 統 編？ ヤオ ブ ヤオ トン ビェン
必要です。／結構です。	要。 ／ 不 用。 ヤオ ブー ヨン

台湾のスーパーではレジ袋は有料だよ。小さいものなら 2 塊（錢）
　　　　　　　　　　　　　　　　　　　　　　　　リャンクァイ チェン
くらい、大きいものでは 3 塊（錢）くらいかかるので注意してね。
　　　　サン クァイ チェン
同様に、コンビニでもレジ袋は有料だよ。

単語を覚えよう

□会員カード 會 員 卡　□割引券 優 惠 券　□ない 沒 有
　　　　　　ホエイ ユエン カー　　　　　ヨウ ホエイ チュエン　　　　メイ ヨウ

□〜か…, 〜または… 〜或…　□レジ袋 袋 子
　　　　　　　　　　　ホオ　　　　　　タイ ズ

樂 's POINT

▶「〜または…」「〜と…」「だけ」：〜或…／〜和…／只

ここでは英語のorやandに相当する台湾華語の言い方を勉強しましょう。
本文にでてきましたが、「〜か…」とorを表すには「〜或…」という接続詞を使います。「〜と…」とandを言うときには「〜和…」という接続詞。
また、「パンだけ食べます」というようなときの「〜だけ」には「只」という副詞を使います。次の例文を何度も聞いて、使い方を身につけましょう。

＊和：「ㄏㄢˋ」（ハン）とも読みます。詳しくは133ページを参照してください。

▶統編って何？

「統編」とは、「統一編號」の略で、台湾で会社ごとに割り振られる番号です。「統一發票」（レシート）を会社の経理に提出するときには、統一發票にその番号を入れる必要があります。日本で領収書に宛て名を書くようなものですね。

109

台湾で一攫千金⁉

台湾で一攫千金？　金やダイヤモンドが採れるところがあるの？
いいえ、もっと身近なところにお金をゲットするチャンスがあるんです。

▶レシートは捨てちゃダメ！

台湾のレシート「統一發票（トン イー ファーピャオ）」には、実は宝くじがついています。

統一發票（トン イー ファーピャオ）に印刷されている8桁の数字が宝くじの番号。
2ヶ月に一度、奇数月の25日に当選番号が発表されます。
台湾の「財政部（ツァイセン ブー）」（財務省に相当）のホームページから当選番号がわかります。
脱税防止のためにはじめられたこの仕組み、外国人でもパスポートがあれば当選金を受け取ることができます。運が良ければ最高200萬（リャンバイ ワン）があなたの手に。
ですから、統一發票（トン イー ファーピャオ）は絶対に捨ててはいけません。台湾で一気にお金持ちになるなら、この手ですよ！

▶宝くじは多種多様

もちろん、普通の宝くじもあります。台湾の「彩券（ツァイチュェン）」（宝くじ）の遊び方は多種多様！　私は、その場でアタリ・ハズレがわかる「刮刮樂（クア クア ラー）」（スクラッチくじ）が大好きです。100塊（イーバイ クァイ）（錢（チェン））から買えますよ。
刮刮樂（クア クア ラー）にも色々な種類があり、私のお気に入りは魚くじ。それは「您的魚（ニン ダ ユイ）」（あなたの魚）、「對手的魚（ドェイソウ ダ ユイ）」（相手の魚）、「獎金（チャンチン）」（賞金）と書かれた欄をスクラッチで一気に削ります。それぞれの欄には数字が書いてあり、您的魚（ニン ダ ユイ）が對手的魚（ドェイソウ ダ ユイ）より大きければアタリ！　獎金（チャンチン）に書かれた額をもらえます。

それでは、1枚買ってみましょうか。

> **[82]🔊**
>
> **100元の**
> **スクラッチくじを**
> **1枚ください。**
>
> 我 要 一 張 100 塊 的
> ウォ ヤオ イー ザン イーパイ クァイ ダ
>
> 刮 刮 樂 。
> グア グア ラー

アタリの場合、賞金2,000塊（錢）以下なら宝くじ屋で換金可能です。
　　　　　　　　　リャンチェン クァイ（チェン）
それ以上の場合は「華南銀行」「中國信託商業銀行」「第一銀行」へ換金に
　　　　　　　　ホア ナン イン ハン　ゾン グオ シン トゥオ サン イエ イン ハン　ティー イー イン ハン
行きましょう。税金がかかるので、パスポートも忘れないでくださいね。

> **[82]🔊**
>
> **換金したいの**
> **ですが。**
>
> 我 想 要 兌 獎 。
> ウォ シアン ヤオ ドェイ チャン

樂 's POINT

▶ 「〜したい」：想要＋〔動詞〕

〔希望を表す助動詞：想〕と〔意志を表す助動詞：要〕が連用され、想要＋
　　　　　　　　　　シアン　　　　　　　　　　　　　ヤオ　　　　　　シアンヤオ
〔動詞〕で「〜したいです」と「願望」を表すことができます。

単語を覚えよう [83]🔊

□財務省 財 政 部　□宝くじ 彩 券　□スクラッチくじ 刮 刮 樂
　　　ツァイ ゼン ブー　　　ツァイ チュエン　　　　　　　グア グア ラー

□魚魚　□相手 對 手　□賞金 獎 金
　　ユイ　　　ドェイ ソウ　　　チャン チン

□台湾の銀行 華 南 銀 行／中 國 信 託 商 業 銀 行／
　　　　　　ホア ナン イン ハン　ゾン グオ シン トゥオ サン イエ イン ハン

第 一 銀 行　□〜したい 想 要 〜　□換金する 兌 獎
ティ イー イン ハン　　　　シアン ヤオ　　　　　　ドェイ チャン

13 百貨店や専門店でお買い物を満喫

バーゲンのお買い得情報

服や靴を買うとき、「限定」や「割引」といった文字を見るとついついお財布の紐が緩んでしまいますよね。私もバーゲンのポスターを見ると、なんだか吸い込まれるように入店してしまうタイプです。

台湾の百貨店・専門店・雑貨

太平洋そごう百貨
台北・民藝埕 ©台湾観光局
台南・廣富號 ©台湾観光局
台北・廣方圓 ©台湾観光局

10月から12月は、台湾の各「百貨公司」（デパート）が「週年慶」（創業祭）と銘打ってバーゲンを開催する時期です。

台湾のバーゲンでは、日本と同じく商品が値引きして売られます。値引き札には「折」という字が使われます。例えば「3折」とは、定価の3割で販売する、つまり70% OFF です。店頭の看板には「3折起」と書かれていることもあります。「〜起」は「〜から」という意味で、「店内には 70% OFF からの値引き商品があります」と示しているわけです。

頭がぐちゃぐちゃになってしまいそうなので、一覧表で整理しましょう。

1折 イーザー	2折 リャンザー	3折 サンザー	4折 スーザー	5折 ウーザー
9割引き 90% OFF	8割引き 80% OFF	7割引き 70% OFF	6割引き 60% OFF	5割引き 50% OFF
6折 リョウザー	7折 チーザー	8折 バーザー	9折 ヂョウザー	9.5折 ヂョウウーザー
4割引き 40% OFF	3割引き 30% OFF	2割引き 20% OFF	1割引き 10% OFF	0.5割引き 5% OFF

日本では数が大きいほど割引率が高いけれど、台湾では**数が小さいほどお得**と覚えておきましょう。5% OFF の 9 5 折 は、9 . 5折 と「．（點）」が入ることもあります。両者とも使われますよ。

他にも「買一送一」（1つ買ったらもう1つおまけ）なんてポスターもよく見かけます。

単語を覚えよう

□ 百貨店, デパート　百貨公司 バイホオゴンスー　□ 創業祭　週年慶 ゾウニェンチン　□ 掛, 割　折 ザー

□ 〜から　〜起 チー　□ 1つ買ったらもう1つおまけ　買一送一 マイイーソンイー

店員さんに頼んで試着をしてみましょう

服や靴を試着したいときは、こう言いましょう。

86

これを試着しても いいですか？	這個可以試穿嗎？ ゼァ ガ カー イー スー ツワン マ

試着後の感想や他のサイズや色が欲しいときは——

86

これ、ちょうど いいです。	這個剛剛好。 ゼァ ガ ガン ガン ハオ

これ、ちょっと 大きいです。	這個有點　大。 ゼァ ガ ヨウ ディエン ダー

これ、 大きすぎます。	這個太大了。 ゼァ ガ タイ ダー ラ

言い換 えよう	□ 小さい 小 シャオ　□（幅などが）広い 寛 クワン　□（幅などが）狭い 窄 ザイ
	□ 長い 長 ツァン　□ 短い 短 ドワン　□ 厚い 厚 ホウ　□ 薄い 薄 ボオ ／ 薄 バオ *

ほかのサイズは ありますか？	有其他的大小嗎？ ヨウ チー ター ダ ダー シャオ マ

言い換 えよう	□ 色 顔色 イェン サー　□ タイプ 款式 クワン スー　□ ブランド 牌子 パイ ズ

＊薄：主に「ㄅㄛˊ」（ボオ）と発音しますが、「ㄅㄠˊ」（バオ）と発音することもあります。

114

さて、決断のとき！　あなたの決断は——

| これにします。 | 我ウォ 要ヤオ 這ゼア 個ガ 。 |
| ちょっと考えてみます。 | 我ウォ 再ザイ 考カオ 慮リュイ 考カオ 慮リュイ 。 |

服や靴、バッグなどなどファッション大好きな女性にとって、買い物を楽しむことはこのうえなく嬉しいことですよね。けれど、緩みがちな財布の紐が緩みっぱなしにならないように心がけましょうね。

単語を覚えよう

□ 試しに〜する　試スー 〜　□ 着る, 履く　穿ツワン　□ ちょうどいい　剛ガン 剛ガン 好ハオ

□ 大きい　大ダー　□ あまりに, ひどく　太タイ　□ ほかの〜, 別の〜　其チー 他ター 的ダ 〜

□ サイズ　大ダー 小シャオ　□ 考える　考カオ 慮リュイ

2日目　夜市に、百貨店に、お買い物を楽しもう

樂 's POINT

▶マイナスイメージの「ちょっと〜」：有點〜

「有點」は1日目に覚えましたよね。覚えているかな？
有點は「ちょっと，少し」の意を表す副詞で、54㌻ではマイナスイメージの形
容詞がくることが多いと書きましたが、今回のように普通の形容詞もとります。
しかし、その場合も、意味合いとして好ましくないことに使われることが多いで
す。

▶「〜すぎる」：太〜了

程度を表す副詞「太」と助詞「了」を使い、「太＋〔形容詞〕＋了」で「〜す
ぎる」と表現します。「這個太大了」（これは大きすぎます）のように普通に使
われる表現ですが、感嘆文みたいな感情や驚きを表すフレーズでも使われます。

街で数年ぶりの友人とたまたま出会ったときの

| 偶然だね！ | 太 巧 了！
タイ チャオ ラ |

食事を済ませ、お会計をしようとしたら……

| 高すぎる！ | 太 貴 了！
タイ グェイ ラ |

ぎりぎり終電に間に合ったときの

| 良かったぁ！ | 太 好 了！
タイ ハオ ラ |

▶我再考慮考慮

「考慮」は「考える」を意味する動詞です。同じ語を繰り返すのは、台湾人の特
徴だと59㌻でお伝えしましたが、**動詞を重ねると「ちょっと〜する」という軽
いニュアンス**がでます。重ねるかわりに「我再考慮一下」でもOK。

14 夜市での値段交渉術

 ## 夜市では毎日がお祭り気分

外国人に人気の台湾の観光スポットと言えば「夜市」(夜市,ナイトマーケット)だそうです。確かに安い雑貨や日用品のお店、ステーキ屋から屋台料理まで、あらゆるものがぎっしりと並び、夜市全体が毎日大バーゲン状態。夜市以上に魅力的な場所はそうそうないかもしれません。

夜市は台北だけでも何か所もありますが、そのなかでも「士林夜市」は一番大きい夜市です。また、夜市の「夜」の文字につられて、ついつい夜間だけ開催されている感じがしますが、昼間でも開いているお店もありますよ。

台北・士林夜市（上2枚）と 高雄・六合夜市（下）

MRTに<u>士林</u>という駅がありますが、<u>士林夜市</u>に一番近い駅は<u>劍潭站</u>です。空中に飛びだすモノレールを間近から仰ぎ見るのは大迫力。まるでアトラクションに乗り、超巨大テーマパークを行くようです。駅をでて少し歩くと、長く続く屋台が見えてきます。心はすっかりお祭り気分。

まずはゲーム屋台をめぐってみましょう。

ピン釣り

吊 酒 瓶
ディアオ ヂョウ ピン

寝かせたビール瓶を丸い輪っかがついた釣り棒で立てれば、景品がもらえます。

ボール投げ

挑 戰 九 宮 格
ティャオ ザン ヂョウ ゴン ガー

ボールを10回投げて、1から9まで番号の書かれた9個の的に6個以上ボールがあたったら、景品がもらえます。

風船射的

射 氣 球
セァ チー チョウ

エアガンで風船を射的。風船の位置によってポイントが異なり、割った風船のポイント合計に応じて景品をもらえます。

ゲームの遊び方がわからないときは――

オーナー、これ、どう遊べばいいですか？	老闆，這個要怎麼玩？ ラオ バン ゼァ ガ ヤオ ゼン モ ワン
ちょっと教えていただけませんか？	可以教我一下嗎？ カー イー チャオ ウオ イー シヤ マ

オーナーさんが教えてくれたとおりにゲームに挑戦して、成功したら「中了！」（アタリ！）、失敗したときは「可惜了！」（残念！）と童心にかえって遊んでください。

お店の人は店主ではないかもしれないけど、習慣的に「老闆」（オーナー）と呼ぶよ。書き文字では「老板」でもOK。
また、老闆／老板の奥さんのことは「老闆娘／老板娘」と呼ぶんだ。

単語を覚えよう

- 夜市　夜市（イェ スー）
- 士林　士林（スー リン）
- 劍潭　劍潭（チェン タン）
- 主人　老闆（ラオ バン）＝老板（ラオ バン）
- おかみさん　老闆娘（ラオ バン ニアン）＝老板娘（ラオ バン ニアン）
- 遊ぶ　玩（ワン）
- 教える　教（チャオ）
- アタリ　中了（ゾン ラ）
- 残念　可惜了（カー シー ラ）

2日目　夜市に、百貨店に、お買い物を楽しもう

119

値段交渉、本番！

さらに夜市(イエスー)を探検しましょう。

今度は、服の「攤販(タンファン)」（屋台）をのぞいてみます。夜市(イエスー)には、ゲームや服のほかにも食べ物や雑貨など色々な屋台がでています。

以前、私がブラブラと屋台をめぐっていたときのこと。突然、お店の人たちの空気がピンッと張りつめました。「早く逃げろ！」とササササッと屋台の撤収をしてどこかへ一瞬で消えてしまったのです。衝撃的でした。

実は路上の屋台は違法で、時おり「警察(チンツァ)」（警察官）の巡回があるのです。お店の人たちは危機一髪のギリギリセーフでした。

台北・士林夜市　©台湾観光局

高雄・六合夜市　©台湾観光局

台北・士林夜市

台北・士林夜市　©台湾観光局

そろそろ本題に入ります。屋台でのお買い物の時間です。

屋台で買い物をするとき、商品を1つひとつで売っているのか、セット売りなのか、わからないときは次のように聞きましょう。

91

> オーナー、これはどう売りますか？

老 闆 ，這 個 怎 麼 賣 ？
ラオ バン ゼァ ガ ゼン モ マイ

> オーナー、これはいくらですか？

老 闆 ，這 個 多 少 錢 ？
ラオ バン ゼァ ガ ドゥオ サオ チェン

どちらかで聞けば、次のように教えてくれるでしょう。

91

> 2つで100元です。

兩 個 100 塊 。
リャン ガ　イーバイクァイ

お店の人とちょっとした台湾華語でやりとりをすると仲良くなれるし、さらに値段交渉をしてみると買い物も一層楽しくなると思います。

それでは、お待ちかね。これから、夜市で役に立つ値引き交渉のフレーズをご
　　　　　　　　　　　　　　　イェ スー
紹介します。

単語を覚えよう **92**

□ 屋台 攤 販　　□ 警察官 警 察　　□ 売る 賣　　□ いくつ 多 少
　　　タン ファン　　　　　　チン ツァ　　　　　マイ　　　　　ドゥオ サオ

- -

□ いくら 多 少 錢
　　　　ドゥオ サオ チェン

▶正攻法の値切りテクニック

ズバリ安くしてほしいことを伝えるフレーズです。

> **オーナー、ちょっと安くしてもらえませんか？**

老 闆 ， 可 以 （ 賣 ）
ラオ バン　　カー イー　　マイ
便 宜 一 點 嗎 ？
ピェン イー イー ディェン マ

*便宜：宜は、辞書では軽声ですが、実際には第2声で発音する人が多く見受けられます。

▶上級値切りテクニック

「この値段なら買いたいなぁ」という金額で聞いてみるフレーズです。

> **オーナー、これは100元なら売りますか？**

老 闆 ， 這 個 100 塊
ラオ バン　　ゼァ ガ イーバイ クァイ
賣 不 賣 ？
マイ ブ マイ

▶超上級値切りテクニック

たくさん買うとおまけをもらえたりしますよね。

> **オーナー、3つ買うからちょっと安くしてもらえませんか？**

老 闆 ， 買 三 個 可 以
ラオ バン　　マイ サン ガ カー イー
便 宜 一 點 嗎 ？
ピェン イー イー ディェン マ

以上のフレーズは、夜市でお気に入りのものを見つけたけど、お店の人から目ん玉が飛びでるほど高い値段を聞いたとき、ぜひ使ってみてください。

けれど、あちらも商売。値段交渉をしてもなかなか下がらないこともあります。「もういいや」とお店を立ち去るはめになることもあるでしょう。すると、時おり、お店の人が焦って呼び止めにきて、次のように逆値段交渉をしてくることもあります。

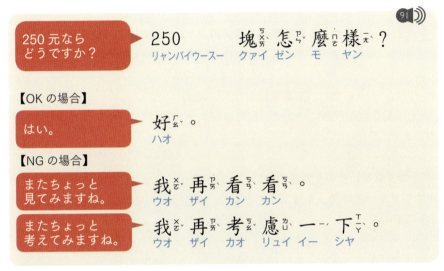

私の場合、未練がましいまなざしで屋台を去ることもよくありました。が、1秒、2秒、3秒……、いくら時間がたっても呼び止められたことはありません。そんな辛い思いばかりです（笑）。

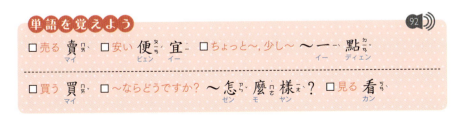

樂 's POINT

▶「いくつ」：多少

百貨店や専門店でのお買い物の項目で「大小」が「サイズ」という意味になると習いましたね。ここでは「多少」という表現がでてきました。

「多少」は「いくつ」と数を尋ねる疑問詞です。多少錢で「いくら」と値段を聞く表現になりますが、話し言葉では錢を言わずに多少だけでも大丈夫です。

▶「少し，ちょっと」：〔形容詞〕＋一點，看看

一點 は形容詞の後ろについて、「〔形容詞〕＋一點」で「少し，ちょっと」を表します。

看看 は「見る」という意味の動詞看を繰り返しています。このパターーン、何度かでてきているので、もう覚えたかな？ 動詞を繰り返すことで「ちょっと見る」と軽いニュアンスになるんでしたよね。

ここまで「少し，ちょっと」という表現がたくさんでてきました。こんがらがって何がなんだかという方もいるかな？ それぞれの使い方について、右ページにまとめておきますね。

▶「～はどうですか？／～ならどうですか？」：～怎麼樣？

～怎麼樣？ は、「～はどうですか？」と相手に状況や意向を尋ねるときに使います。

▶「少し，ちょっと」表現の使い分け

一下（数量詞；動詞の後ろに置いて用います）・動詞重ね型

意味	ちょっと〜する，試しに〜してみる（軽やかなニュアンスになる）
用法	〔動詞〕＋**一下**（イーシャ）
	ちょっと見てみる。／我 看 一 下 。(ウォ カン イー シャ)
用法	動詞重ね型＝同じ動詞を繰り返す
	ちょっと見てみる。／我 看 看 。(ウォ カン カン)

一點（数量詞；動詞や形容詞の後ろに置いて用います）

意味	少し〜
用法①	〔動詞〕＋**一點**（イーディエン）
	少し食べます。／吃 一 點 。(ツー イー ディエン)
用法②	〔形容詞〕＋**一點**（イーディエン）（比較の結果というニュアンス）
	彼女は私より少し背が高いです。／她 比 我 高 一 點 。(ター ビー ウォ ガオ イー ディエン)

有點（副詞；動詞や形容詞の前につけて用います）

意味	少し〜（多くはネガティブな要素を持つ）
用法①	**有點**（ヨウディエン）＋〔動詞〕
	彼は少し後悔しています。／他 有 點 後 悔 。(ター ヨウ ディエン ホウ ホェイ)
用法②	**有點**（ヨウディエン）＋〔形容詞〕（基準からずれているニュアンス）
	私の調子はちょっと良くありません。／我 有 點 不 舒 服 。(ウォ ヨウ ディエン ブー スー フー)

column 足にまつわるエトセトラ

昔の中国では小さな足の女性が美しいと考えられており、女の子の足をしばって小さな足のままにする風習「裹小腳」(纏足)がありました。実際、私の祖母はその風習のあった時代に育ち、祖母の小さな足は印象深く私の目に焼きついています。

「有其父必有其子」(蛙の子は蛙／直訳：息子はたいてい父親に似る)という諺どおり、私の母も足元にとくに気を使っていて、靴には目がありません。これが私の災難のはじまりでした。百貨公司（百貨店，デパート）に行くと、靴を見たいという欲望に憑りつかれた母はどんなに売り場をまわっても疲れることなく、私はいつも脚がパンパンに……。母が買っていた靴の１位はダントツで「高跟鞋」(ハイヒール)。理由はいたって単純。脚が美しく見えるから。

台湾華語には脚にまつわる表現も多くあります。太ももがむくんだりして象のように太い脚は「大象腿」(象脚)、すねが大根のように太い脚は「蘿蔔腿」(大根足)と表現します。どちらも面白い表現ですが、女性にとっては美の大敵ですね。足のケアには、どこでも気軽に受けられる「腳底按摩」(足裏マッサージ)がおススメです。

単語を覚えよう

□ 纏足 裹小腳	□ 蛙の子は蛙 有其父必有其子
□ ハイヒール 高跟鞋	□ 足,脚 腿	□ 象 大象	□ 大根 蘿蔔
□ 足裏 腳底	□ マッサージ 按摩	＊蘿蔔：蔔は、辞書では軽声ですが、第１声で発音する人が多いです。

3日目

やっぱりグルメは
ハズせない！
台湾食べ歩き

15 台湾人の朝ご飯

 ## 中華風朝食

台湾では、朝ご飯を家ではなく外でとることが一般的です。
私の実家は「豆漿」(豆乳)で有名な新北の永和區にあり、幼い頃からの行きつけが、頂溪站の2番出口の近くにある、「世界豆漿大王」という24時間営業のお店です。
朝には、店の横で料理人たちが朝食の定番「油條」(揚げパン)などをつくっています。入口のショーケースにカラフルなサンプルが展示してあり、日本語もついています。ここで朝ご飯を食べてみましょう。
まずは席が空いているか、レジで聞きます。

席はありますか?	有位子嗎? ヨウ ウェイ ズ マ
こちらに座ってください。	這邊坐。 ゼァ ビェン ヅォ
ごめんなさい、今席がありません。	不好意思,現在 ブー ハオ イー スー シェン ザイ 沒有位子。 メイ ヨウ ウェイ ズ

このお店の注文方法は、**商品名の書いてある注文用紙に数を入れ、店員さんに渡し、料理がでてくるスタイル**です。この注文スタイルは、台湾では一般的なものです。

レジで席の状況を聞き、注文用紙をもらったら、案内された席で食べたいものの横にチェックを入れます。記入が終わったら、またレジへ行って店員さんに渡し、お会計をしてしまいます。レジで注文用紙をもらうときに、外国人向けのメニューが欲しいなら、次のフレーズでお願いしましょう。

> お尋ねしますが、日本語のメニューはありますか？

請問，有日文菜單嗎？
チン ウェン ヨウ リィ ウェン ツァイ ダン マ

単語を覚えよう

□豆乳 豆漿 ドウ チャン	□永和 永和 ヨン ハー	□頂溪 頂溪 ディン シー
□台湾の飲食店 世界豆漿大王 スー チェ ドウ チャン ダー ワン		□揚げパン 油條 ヨウ ティヤオ
□席 位子 ウェイ ズ	□こちら、この辺 這邊 ゼァ ビェン	□ごめんなさい 不好意思 ブー ハオ イー スー
□日本語 日文 リィ ウェン	□メニュー 菜單 ツァイ ダン	

3日目 やっぱりグルメはハズせない！台湾食べ歩き

豆漿（ドウ チャン）を頼むときは、このひと言を店員さんに伝えるのを忘れずに！

| 無糖の豆乳をください。 | 我（ウオ）要（ヤオ）無（ウー）糖（タン）的（ダ）豆（ドウ）漿（チャン）。 |

メニューに無糖かどうかは書いてないよ。でも、砂糖入りの豆乳が多いから、要注意！

しばらくして、料理が運ばれてきました。今朝の朝ご飯は「蟹殻黄（シェ カー ホワン）」（挽肉と野菜入りのパイ）と豆漿（ドウ チャン）。
蟹殻黄（シェ カー ホワン）……。字面は「カニ」「殻」「黄色」、螃蟹（バン シェ）（カニ）*がなかに入っているのでしょう。早速、ひと口。ん？ サクサクして美味しいけれど、「螃蟹（バン シェ）はどこ？」。二口、三口と食べ進めても、螃蟹（バン シェ）はでてきません。

店員さんに聞いてみると、名前の由来は見た目がカニの甲羅に似ているからで、カニは入っておらず、挽肉と野菜のパイで、「鹹酥餅（シェンスー ビン）」（しょっぱいパイ）とも呼ばれているとのこと。大変勉強になりました。

＊螃蟹：カニのことは螃蟹と言いますが、蟹殻黄のように料理名のなかでは蟹とだけ表示されることが多いです。

＊飲み物のサイズには、ふつう、小杯（シャオベイ）（Sサイズ）、中杯（ゾンベイ）（Mサイズ）、大杯（ダーベイ）（Lサイズ）があります。

単語を覚えよう

| □無糖 無（ウー）糖（タン） | □殻 殻（カー）ㄎㄜˊ | □黄色 黄（ホワン）ㄏㄨㄤˊ | □しょっぱい 鹹（シェン）ㄒㄧㄢˊ | □パイ 餅（ビン）ㄅㄧㄥˇ |

| □カニ 螃（バン）蟹（シェ）ㄆㄤˊㄒㄧㄝˋ | □台湾の料理 蟹（シェ）殻（カー）黄（ホワン）ㄒㄧㄝˋㄎㄜˊㄏㄨㄤˊ ＝ 鹹（シェン）酥（スー）餅（ビン）ㄒㄧㄢˊㄙㄨ ㄅㄧㄥˇ |

餃子と言えば水餃子？

台湾の定番中華風朝食のお店を紹介しましたが、中華料理と言えば点心！「焼賣」（シュウマイ）や「小籠包」（小籠包）、「水煎包」（焼き小籠包）、「蘿蔔糕」（大根餅）など点心目的で台湾を訪れる方もいるかもしれませんね。

ところで、台湾で「餃子」（ぎょうざ）と言えば、「水餃」（日本の水ぎょうざ）を指します。日本では「ぎょうざはおかず」で「焼ぎょうざが主流」ですが、台湾では「餃子は主食」で「餃子＝水餃が主流」なのです。

また、餃子＝水餃は、形（日本のぎょうざと同じ形）が昔のお金の形に似ていて縁起が良いとされており、年越しに食べる習慣があります。年越しの餃子のなかにはコインが入っているものがあり、それを食べたらその年の金運が良くなると言われています。

焼ぎょうざは「煎餃」と言い、細長い棒状の焼ぎょうざ「鍋貼」もポピュラーです。

単語を覚えよう

□シュウマイ 燒賣（サオ マイ） □焼き小籠包 水煎包（スェイ チェン バオ） □大根餅 蘿蔔糕（ルオ ボオ ガオ）

□水餃子 餃子（チャオ ズ）＝水餃（スェイ チャオ） □焼き餃子 煎餃（チェン チャオ）＝鍋貼（グオ ティエ）

＊蘿蔔糕：前出ですが、蔔は辞書では軽声ですが、第1声で発音する人が多いです。

ファストフード風朝食

台湾は共働きのせいか、外食化が進んでいます。先ほどの中華風の朝食店のみならず、ファストフード風のお店も朝ご飯に人気です。ファストフードと言っても、店頭でハンバーガーやサンドウィッチを手作りしてくれるアットホームな「早餐店（ザオ ツァンディエン）」も多くあります。やはりつくりたてがいいですよね。それに新聞や雑誌を自由に読むことができ、朝の時間をゆったりとくつろげるのも素敵です。

こういったお店では、お願いすれば特製メニューをつくってくれます。
毎日お店の人と顔をあわせていると、好みを覚えてくれ、言わなくても好みのトッピングでつくってくれます。久々に行くと「好久不見！（ハオ チョウブー チェン）」（久しぶり！）と親しげに話しかけてくれたりもします。家族や友だちのような絆を結ぶことができて嬉しいですよね。
私はよく次のようにお願いをしていました。

> すみません、私のハンバーガーは目玉焼きを入れてほしいけど、トマトと玉ねぎはいらないです。

不（ブー）好（ハオ）意（イー）思（スー），我（ウオ）的（ダ）漢（ハン）堡（バオ）
要（ヤオ）加（チャ）蛋（ダン），可（カー）是（スー）不（ブー）要（ヤオ）加（チャ）
番（ファン）茄（チェ）和（ハン）洋（ヤン）蔥（ツォン）。

樂 's POINT

▶逆接の接続詞「でも，けれど」：可是

可是（カー スー）は「でも，けれど」と**逆接を表す接続詞**です。1つ例文をあげます。
ちょっと切ない文ですが──

> 私はアメリカに行きたい、でも私にはお金がない。

我（ウオ） 想（シアン） 去（チュイ） 美（メイ） 國（グオ） ，可（カー） 是（スー）
我（ウオ） 沒（メイ） 有（ヨウ） 錢（チェン） 。

🔊 99

▶「トマト」：番茄

「トマト」は中国本土では「西红柿（シーホンシー）」、台湾では「番茄（ファンチェ）」と言います。

▶番茄和洋蔥

真ん中の「和（ハン）」は「AとB」と言うときの「と」という意味でしたよね。
109㌻の和と左㌻の和では違うところがあるけど、気づいたかな？
和（ハン）の読み方には「ㄏㄜˊ（ハ＋第2声）」と「ㄏㄢˋ（ハン＋第4声）」の2種類があります。中国本土では「ㄏㄜˊ」で発音する人が多いのですが、台湾では逆に「ㄏㄜˊ」より「ㄏㄢˋ」で発音する人が多いですよ。
本書では両方に慣れてほしいので、両方の発音を入れておきました。

単語を覚えよう 🔊 100

□ファストフード風のお店 早（ザオ）・餐（ツァン）店（ディエン）		□久しぶり 好（ハオ）・久（チョウ）・不（ブー）・見（チェン）
□ハンバーガー 漢（ハン）・堡（バオ）	□つけ加える, 入れる 加（チア）	□玉子 蛋（ダン）
□トマト 番（ファン）・茄（チェ）	□玉ねぎ 洋（ヤン）・蔥（ツォン）	□アメリカ合衆国 美（メイ）・國（グオ）

3日目

やっぱりグルメはハズせない！台湾食べ歩き

133

16 ほっとひと息。ランチ&ティータイム

バイキング形式の食堂でお昼ご飯

台湾のいたるところに、安くて美味しい庶民的な食堂「自助餐」(バイキング形式の食堂)なるものがあります。
自分で料理をとるお店と店員さんが盛ってくれるお店がありますが、どちらも入口でトレーの上に紙皿(店内用)、または紙の弁当箱(持ち帰り用)を載せて、料理をとっていきます。

自分でよそうときは、食べたいものを自由に選んでいきましょう。
店員さんが料理を盛ってくれるなら、順路にそって進んでいきます。
次のような順番が多いようです。

❶ 白飯　　（ご飯）
　 バイ ファン
❷ 涼拌區　（和え物コーナー）
　 リャンバン チュイ
❸ 煎炸區　（焼き物・揚げ物
　 チェンザー チュイ　コーナー）
❹ 熱炒區　（炒め物コーナー）
　 ラー ツァオチュイ
❺ 湯　　　（スープ）
　 タン
❻ 収銀台　（レジ）
　 ソウ イン タイ

ご飯の量は選べますので、このように頼みましょう。

| 小盛りをください。 | 我 要 小 碗 的。
ウォ ヤオ シャオ ワン ダ |

| 言い換えよう | □ 大盛り 大 碗
ダー ワン |

おかずは、欲しいものを指さして、こう言いましょう。

| これをください。 | 我 要 這 個。
ウォ ヤオ ゼァ ガ |

単語を覚えよう

| □ バイキング形式の食堂 | 自 助 餐
ズー ジュ ツァン | □ ご飯 | 白 飯
バイ ファン | □ 和え物 | 涼 拌
リャン バン |

| □ 焼く | 煎
チェン | □ 揚げる | 炸＊
ザー | □ 炒め物 | 熱 炒
ラー ツャオ | □ スープ | 湯
タン |

| □ レジ | 收 銀 台
ソウ イン タイ | □ お椀 | 碗
ワン |

＊炸：辞書では第2声ですが、実際には第4声で発音されることが多いです。

3日目　やっぱりグルメはハズせない！台湾食べ歩き

メニュー表示のないお店が多いので、よくわからないものがあったら、なんの料理かを聞いてみましょう。

これは なんですか？	這是什麼？ ゼァ スー セン モ

お店によっては、19時以降はスープ無料などタイム・サービスをしているところもあるので、要チェックです。

自助餐（スーズーツァン）では、台湾の家庭的な料理を食べることができます。色々と食べ歩いてお気に入りの自助餐（スーズーツァン）や好みの台湾家庭料理を見つけてみてくださいね。
ちなみに、高級ホテルのビュッフェも「自助餐（スーズーツァン）」と書きますが、フランス語のままに buffet（ビュッフェ）と発音することが多いです。

さて、自助餐（スーズーツァン）のなかには「素食（スースー）」と書いてあるお店もあります。どういうお店だと思いますか？ 素人の食堂？
いいえ、実はベジタリアン向けのお店なのです。台湾では、宗教や健康を意識してベジタリアンになる人が増えている影響で、ベジタリアン向けの自助餐（スーズーツァン）も見かけます。お肉を使っていないとは思えない、美味しさ、見た目の美しさ、豊富さにきっと驚きますよ。

苗栗・華陶窯 ©台湾観光局

単語を覚えよう

□ ベジタリアン食、肉類を使わない料理　素食（スースー）

ティータイムが楽しくなる飲み物
——国民的飲料のタピオカミルクティー

台湾に行ったら絶対飲みたい「珍珠奶茶」(タピオカミルクティー／略称：珍奶)。タピオカのもちもちした食感がたまりません。
国民的飲料と言ってもいいほど、「飲料店」(タピオカのドリンクスタンド)は台湾中いたるところにあり、メニューも豊富です。

台北・春水堂 ©台湾観光局

「檸檬紅茶」(レモン紅茶)、「梅子綠茶」(梅の緑茶)のように「果物＋お茶」という組み合わせが多いですが、なかには「拿鐵烏龍」(ウーロン茶ラテ)という不思議な組み合わせもあります。でも、意外に美味しいですよ。
このほかにもメニューには色んな単語が書いてありますが、205から206ページによく見る単語をまとめましたので、ご参照ください。

日本では、台湾の飲料店のようなお店はそれほど多くないようですが、自動販売機が同じ役目を果たしているのでしょう。台湾にも自動販賣機(自動販売機)がありますが、飲料店を使うことがほとんどです。

単語を覚えよう　104

□タピオカ 珍珠 ゼンズー	□ミルクティー 奶茶 ナイツァー	□タピオカミルクティ 珍奶 ゼンナイ
□タピオカのドリンクスタンド 飲料店 インリャオディエン	□レモン 檸檬 ニンモン	
□紅茶 紅茶 ホンツァー	□梅子 梅子 メイズ	□緑茶 綠茶 リュイツァー	□ラテ 拿鐵 ナーティエ
□烏龍茶 烏龍茶 ウーロンツァー	□自動販売機 自動販賣機 ズードンファンマイヂー	

3日目 やっぱりグルメはハズせない！台湾食べ歩き

137

飲料店 では、甘さと温度を調節してもらうことができます。では、早速タピオカドリンクを注文してみましょう。

注文をするときは、ドリンク名のあとに、好みの甘さ・温度を言います。

> タピオカミルクティーを1つください、シュガーレス、氷なしで。

我要一杯珍珠奶茶，無糖，去冰。
(ウォ ヤオ イー ベイ ゼン ズー ナイ ツァー，ウー タン，チュイ ビン)

甘さ

目安表	注文するときの言い方	甘さ*
全糖10分 (チュェンタン スーフェン)	全糖 (チュェン タン)	砂糖たっぷり
少糖8分 (サオタン バーフェン)	少糖 (サオ タン)	甘さ80%
半糖5分 (バンタン ウーフェン)	半糖 (バン タン)	甘さ50%
微糖2分 (ウェイタン リャンフェン)	微糖 (ウェイ タン)	甘さ20%
無糖0分 (ウータン リンフェン)	無糖 (ウー タン)	無糖

＊甘さ：日本人の感覚よりもだいぶ甘いので、注意してください！

温度

目安表	注文するときの言い方	氷の量温度
正常冰 (ゼンツァンビン)	正常冰 (ゼン ツァン ビン)	普通の氷量
少冰 (サオビン)	少冰 (サオ ビン)	氷少な目
微冰 (ウェイビン)	微冰 (ウェイ ビン)	氷少し
去冰 (チュイビン)	去冰 (チュイ ビン)	氷なし
溫飲 (ウェンイン)	溫的 (ウェン ダ)	常温
熱飲 (ラーイン)	熱的 (ラー ダ)	ホット

単語を覚えよう

- なし 無 (ウー)
- 砂糖 糖 (タン)
- 氷 冰 (ビン)
- 100% 10分 (スー フェン)
- 全て 全 (チュェン)

- 少ない 少 (サオ)
- 半分の 半 (バン)
- 微かな 微 (ウェイ)
- 普通 正常 (ゼン ツァン)

- 温かい 溫 (ウェン)
- 熱い 熱 (ラー)
- 〜飲料 〜飲 (イン)

カフェチェーンでひと休み（自己紹介のフレーズ）

街角の飲料店（インリャオディエン）で買ったタピオカドリンクを飲みながら、街を散策するのも楽しいですが、咖啡店（カーフェイディエン）（カフェ，喫茶店）でゆっくり咖啡（カーフェイ）（コーヒー）を味わうのも素敵な時間ですよね。
台湾のカフェチェーンのなかには、日本人は「えっ？」と驚くことを尋ねてくるお店もあります。注文するときに、名前を聞かれるのです。

あなたのご苗字は？	您 貴 姓？ ニン グェイ シン

私の苗字は鈴木です。	我 姓 鈴 木。 ウオ シン リン ムー

ちょっとこずるいのですが、手っとり早く「陳（ツェン）」や「林（リン）」といったありふれた台湾人の苗字を使ってしまう外国人もいるみたい。嘘も方便だね（台湾で多い苗字は217ページ参照）。
自分の名前を台湾華語でなんと発音するかわからないときは、もちろん「SUZUKI」のように日本語読みで答えても大丈夫だよ。

ドリンクができたら、名前で呼んでくれます。名前を尋ねるのは、他のお客さんと間違ってしまわないように、名前をカップに書くからなんです。

単語を覚えよう

- □ カフェ，喫茶店　咖啡店（カーフェイディエン）
- □ コーヒー　咖啡（カーフェイ）
- □ 苗字　姓（シン）
- □ 鈴木　鈴木（リンムー）
- □ 台湾の苗字　陳（ツェン）／林（リン）

3日目　やっぱりグルメはハズせない！台湾食べ歩き

樂 's POINT

▶自己紹介の仕方を覚えよう！

「您貴姓？」は〔您（あなたの敬称）〕＋〔貴姓（ご苗字）〕で、**姓を尋ねると
きの丁寧な言い方**です。質問されたら「我姓＋苗字」で答えます。
名前を尋ねるときは——

お名前は？	你 叫 什 麼 名 字 ？ ニイ チャオ セン モ ミン ズ
○○○です。	我 叫 ○○○ 。 ウオ チャオ

聞かれた側は○○○にフルネームか下の名前を入れて答えます。
「叫」は「呼ばれる」という意味の動詞で、直訳は「あなたはどんな名前で呼ば
れていますか？——私は○○○と呼ばれています。」です。

さて、名前を伝えるフレーズがでてきたので、ここで自己紹介で使えるフレーズ
を覚えてしまいましょう。

私は日本人です。	我 是 日 本 人 。 ウオ スー リィ ベン レン
私は東京に 住んでいます。	我 住（在）東 京 。 ウオ ズー ザイ ドン ヂン
私は大学生です。	我 是 大 學 生 。 ウオ スー ダー シュエ セン
私は旅行するのが 好きです。	我 喜 歡 旅 行 。 ウオ シー ホワン リュイ シン
私は今年 20歳です。	我 今 年 二 十 歳 。 ウオ ヂン ニェン アー スー スエイ

140

▶名前の呼び方

台湾では、英語名を持っている人が少なくありません。私も小さい頃、英語の授業で先生が、名前の大維に発音の近い「David」と英語名をつけてくれました。英語名は、友だちや同僚といった親しい間で使っています。

親しい間柄では英語名のほかに「小＋苗字か名前」や「阿＋名前」と呼び合います。「〜ちゃん」のような親しみを込められますよ。ちなみに「小黃」という言い方がでてきていますが、覚えているかな？　正解は58ページへ。

目上の人や初対面でそれほど親しくない人は、相手が男性なら「苗字＋先生」、女性のときは「苗字＋小姐」と呼びます。

▶「私は〜です」「私は〜ではありません」：我是〜，我不是〜

「是」は「〜である」と判断・説明を表す動詞です。否定では「不」を使います。

107

私は会社員です。	我 是 上 班 族 。 ウオ スー サン バン ズー
私は韓国人ではありません。	我 不 是 韓 國 人 。 ウオ ブー スー ハン グオ レン

単語を覚えよう

108

□呼ばれる 叫 チャオ	□名前 名 字 ミン ズ	□〜ちゃん, 〜くん 小 〜/阿 〜 シャオ アー
□〜さん（男性）〜先 生 シェン セン	(女性)〜小 姐 シャオ チエ	□日本人 日 本 人 リィ ベン レン
□(〜に)住む 住 (在 〜) ズー ザイ	□東京 東 京 ドン チン	□大学生 大 學 生 ダー シュエ セン
□今年 今 年 チン ニエン	□〜歳 〜歳 スエイ	□会社員 上 班 族 サン バン ズー
□韓国人 韓 國 人 ハン グオ レン		

3日目

やっぱりグルメはハズせない！台湾食べ歩き

141

私のお気に入りスポット

天気のいい日を屋外で過ごすのは気持ち良いですよね。
そんな日にピッタリな私のお気に入りスポットは、「中正紀念*¹堂」
（蔣介石記念*¹堂）。臺北車站から２つめのMRT 中正紀念堂站が最
寄りです。

記念堂の隣の公園に早朝に行くと、体操をするために大勢の人が集まっ
ており、台北の市民生活を身近に感じることができます。端のほうに混
ざって一緒に体操してみたらいかがでしょうか？
中正紀念堂で観光客の目を一番ひくのは、毎日午前９時から午後17
時まで毎正時に１時間ごとに行われる「衛兵交接」でしょう。衛兵交
接は「忠烈祠」（忠烈祠・抗日戦争などの戦没者を祀った祠／MRT 圓
山站からバスに乗り忠烈祠停留所下車）や「國父紀念館」（国父記念
館・国父＝孫文の記念館／MRT 國父紀念館站近く）でも見られます。

台北・蔣介石記念堂

台北にはこうした公園が多くあり、日向ぼっこしたり、凧揚げをしている子どもたちを眺めたり、散歩したりすると気持ち良いですよ。場所によっては、「吹泡泡水」（シャボン玉）などのおもちゃを売っている屋台もでているので、買って遊ぶのも楽しいかもしれません。

中正紀念堂の正門にはハトがいつも集合しています。
「お兄さんも一緒にいい？」と夢中でハトと遊んでいる子どもたちのそばに行き、私も気まぐれにハトにエサをやりつつ、その様子を見守ります。気づくとハトが足元に！ そうこうしている間に時間は過ぎて……

バイバイ。　拜拜。*2

と手を振って子どもたちとハトに別れの挨拶。癒されました。

＊1 記念と紀念：日本語では言べんの「記」を使いますが、台湾華語では糸へんの「紀」です。注意！
＊2 拜拜：このフレーズには「さようなら」と「参拝する」という2つの意味があります。辞書ではともに「第4声＋軽声」ですが、実際の会話では意味を混同しないよう「さようなら」のときには「bye-bye」と英語読みの発音をします。また、書き言葉では「掰掰」と書く人もいます。文字の真ん中に「分」があるので「さようなら」な感じがでていますよね。

単語を覚えよう

□ 蔣介石記念堂	中正紀念堂 ゾンゼンチーニェンタン	□ 衛兵交代式 衛兵交接 ウェイビンチャオチェ
□ 忠烈祠	忠烈祠 ゾンリェツー	□ 国父記念館 國父紀念館 グオフーチーニェングァン
□ 圓山	圓山 ユェンサン	□ シャボン玉 吹泡泡水 ツゥイバオバオスェイ	□ バイバイ 拜拜 バイバイ

17 夜市の屋台料理とスイーツ
小籠包や中華だけじゃない！ 魅惑的な台湾料理

夜市で屋台のおでんを堪能しませんか？

夜市(イエスー)には美味しいものが並ぶ屋台も山ほどあります。
残念ながら私は、揚げ物などの脂っこいものや辛いもの、ナッツ類などが苦手で、夜市(イエスー)でも食べられるものが限られてしまいます。
そんな限られたなかですが、私のイチ押し屋台料理が「關東煮(グァンドンスー)」（おでん）です。おでんは、一般的には、台湾語で「黑輪(オレン)」と言います。
好きな具材を注文すると、お店の人が食べやすい大きさに切ってくれます。

オーナー、ここで食べます。	老闆，我要在這*吃。 ラオ バン ウオ ヤオ ザイ ゼア ツー
オーナー、持ち帰ります。	老闆，我要外帶。 ラオ バン ウオ ヤオ ワイ ダイ
何が欲しいですか？	你要什麼？ ニイ ヤオ セン モ
これ1つ、それ1つ。	一個這個，一個那個。 イー ガ ゼア ガ イー ガ ナー ガ

＊在這：這の後ろに兒が省略されています。

単語を覚えよう

□ おでん　關東煮(グァンドンスー) ＝ 黑輪(オレン)(台湾語)　□ ここで　在這(ザイゼア)(兒(アー))

□ テイクアウト, 持ち帰り　外帶(ワイダイ)

3日目　やっぱりグルメはハズせない！台湾食べ歩き

台湾のおでんには、日本では珍しい具材もあります。
そんなちょっとかわった具材から、私のおススメをご紹介。

押し豆腐

百 (ㄅㄞˇ/パイ) 頁 (ㄧㄝˋ/イエ) 豆 (ㄉㄡˋ/ドウ) 腐 (ㄈㄨˇ/フ)
百 (ㄅㄞˇ/パイ) 葉 (ㄧㄝˋ/イエ) 豆 (ㄉㄡˋ/ドウ) 腐 (ㄈㄨˇ/フ)

ギュギュっと締まっています。

豚の血餅

豬 (ㄓㄨ/ズー) 血 (ㄒㄧㄝˇ/シェ) 糕 (ㄍㄠ/ガォ)

やや硬めです。

豚の血

豬 (ㄓㄨ/ズー) 血 (ㄒㄧㄝˇ/シェ)

柔らかいです。

押し豆腐は百頁豆腐(バイイエドウフ)と言ったり百葉豆腐(バイイエドウフ)と言ったりするよ。頁・葉(イエ)は、どちらも同じ意味で、本や絵などの1枚1枚、つまり（1枚の）紙のこと。日本でも、本の「ページ」に「頁」という漢字を当て字したり、ハガキや証明写真などは「1葉，2葉，3葉……」と数えたりと、紙を表すのに頁・葉という字を使うよね。

もう1つ、豬(ズー)（豚）について。日本の侮辱表現に「馬鹿」という言葉があるけど、台湾や中国本土では「豬」にたとえることで人を侮辱するんだ。だから、西遊記(シーヨウヂー)の豬八戒(ズーバーヂェ)は「見た目が醜い，スケベな人，馬鹿な人」の代名詞。馬も鹿も豚もなんだかかわいそうだなぁ。

豚の血なんて食べるのはちょっぴり勇気がいりますが、騙されたと思って食べてみてください。鉄分などを補給できますし、体内の調子を整えると言われています。味も美味しいですから！　台湾人の私は実に美味しいと思いますよ。

色々な具材に舌鼓を打ってお腹いっぱい。けれど、なんだかもの足りない……。「そうだ！　スープがない！」と気がつきました。通常、スープは無料サービスなので、次のようにお店の人に頼みましょう。

スープをいただけ ますか？	我 可 以 要 個 湯 嗎？ ウオ　カー　イー　ヤオ　ガ　タン　マ

大量の野菜や練り物などを煮込んだスープは良い出汁がでていて、シメの一品にはもってこい。美味しいし、寒いときには体がポカポカ、おかわりもできます。むしろお店の人に「おかわりしないか」と聞かれたりします。

スープのおかわり はどうですか？	要 加 湯 嗎？ ヤオ　チァ　タン　マ
はい！　ありがと うございます。	好 啊！ 謝 謝。 ハオ　ア　　シエ　シエ

シメのスープを堪能し、お支払いしておしまい。
飛びあがるほど美味しいというわけではありませんが、ほっこりとした屋台料理の味わいを思いだしては、ときどき食べたくなります。こういう料理を「台湾の味」と言うのかな。

単語を覚えよう

□西遊記 西 遊 記　□猪八戒 猪 八 戒　□スープ 湯
　　　　シー　ヨウ　チー　　　　　　ズー　バー　チェ　　　　　タン

3日目

やっぱりグルメはハズせない！台湾食べ歩き

笑顔になれる屋台スイーツ

台湾のスイーツと言えば、定番はマンゴーやパイナップルケーキですが、それ以外にも誇れるものがまだまだあります。そんな定番ではないけれど、おススメな屋台スイーツを紹介します。

ひょうたん飴

糖 葫「 蘆 *1
タン　フー　ルー

さんざしの実やイチゴ、トマトを飴でコーティングしたお菓子です。日本の縁日で見かけるリンゴ飴みたいな感じかな。青春時代を思いださせる甘酸っぱさです。

レモン愛玉ゼリー氷

檸 檬 *2 愛 玉 冰
ニン　モン　アイ　ユイ　ビン

独特なぷりぷりとした食感がたまりません。

綿菓子

棉 花「 糖
ミェン　ホア　タン

可愛いのを見つけました！　食べられるのかな？

*1 葫蘆：蘆は辞書では軽声ですが、実際には第2声で発音することが多いです。

*2 檸檬：檸は「ㄌㄧㄥˊ（リン）」と発音する人も多いです。

台北・古早味豆花 ©台湾観光局

©台湾観光局

豆乳デザート

豆 花
ドウ ホア

日本では「豆腐プリン」とも呼ばれます。とろとろの豆腐に加えて小豆やタピオカ、ピーナッツなど様々なものをトッピングできます。

台湾風かき氷

雪 花 冰
シュエ ホア ビン

かき氷でもアイスクリームでもなく、ちょうどその中間のふわふわな食感。

雪花冰は、右上の写真のようなマンゴー味が有名で、日本ではマンゴーかき氷として知られていますね。マンゴーの他にも色々なトッピングができ、私は口当たりがトローと柔らかく濃厚な風味の巧克力（チョコレート）をトッピングするのが好きです（他のトッピングは206ページ参照）。

また、雪花冰は大きいので、もしかしたら2人で1つでも満足できるかもしれません。友だちや恋人と一緒に食べるときは、店の人にこう頼みましょう。

スプーンをもう1つもらえませんか？

可 以 多 給 我 一 個 湯 匙 嗎？
カー イー ドゥオ ゲイ ウォ イー ガ タン ツー マ

単語を覚えよう

□ チョコレート　巧克力
　　　　　　　　チャオ カー リー

□ スプーン　湯匙
　　　　　　タン ツー

＊巧克力：克は辞書では第4声ですが、実際には第1声で発音する人が多いです。

ほっぺたの落ちる甘〜いスイーツパン

台湾のパンは甘いものが多く、台湾人はスイーツ感覚でよく食べます。
台湾華語では、パンを「**麺包**」と言います。1日目にでてきましたが、覚えて
　　　　　　　　　　　　ミェンパオ
いたかな？　話変わってスーパーマンを「**超人**」と言います。
　　　　　　　　　　　　　　　　　　　ツァオレン
さあ、問題です。「**麺包超人**」ってな〜に？
　　　　　　　　ミェンパオ ツァオレン

正解は「**アンパンマン**」でした。当たりましたか？　漢字を見て、イメージでき
たでしょうか。
では、次の台湾華語はどうでしょう？　ヒントはどれもパンの名前です。漢字を
よく見て、カタカナ読みも参考に、イメージを膨らませてみてください。

❶ **蛋塔**　　　　　　❷ **菠蘿麺包**　　　　　❸ **香葱麺包**
　ダン ター　　　　　　ボォ ルオ ミェン パオ　　　シアン ツォン ミェン パオ

❹ **檸檬蛋糕**　　　　❺ **肉鬆麺包**
　ニン モン ダン ガオ　　ロウ ソン ミェン パオ

なんとなくわかりそうですか？（答えは152ページに）

三義・薪パン　©台湾観光局

クリームパン	奶 油 麵 包 ナイ ヨウ ミェン パオ
小豆パン	紅 豆 麵 包 ホン ドウ ミェン パオ
ホットドッグ	熱 狗 麵 包 ラー ゴウ ミェン パオ
クロワッサン	牛 角 麵 包 ニョウ ヂャオ ミェン パオ
食パン	吐 司 トゥ スー

答え合わせの前に、定番のパンの言い方を覚えましょう。

奶油は「クリーム」という意味、紅豆は「小豆」という意味です。ホットドッ
クは、熱狗（熱い犬）と英語の直訳です。クロワッサンは、日本ではフランス
語の croissant（三日月）が名前の由来ですが、台湾華語では牛角（牛のつの）
にたとえていますね。

単語を覚えよう

□スーパーマン 超 人 □アンパンマン 麵 包 超 人
　　　　　　　ツァオ レン　　　　　　　　ミェン パオ ツァオ レン

□クリーム 奶 油 □小豆 紅 豆 □熱い 熱 □犬 狗
　　　　　ナイ ヨウ　　　　ホン ドウ　　　　ラー　　　　ゴウ

□牛 牛 □角 角
　　ニョウ　　ヂャオ

3日目

やっぱりグルメはハズせない！台湾食べ歩き

さてさて、お待たせしました。答え合わせの時間です。

❶ タルト

蛋（ダン）塔（ター）

これは伝統的なもので、生地が硬めです。

❷ メロンパン

菠（ボオ）蘿（ルオ）麵（ミェン）包（パオ）

中国語を知っている人には、ひっかけ問題でした。菠蘿＝菠萝（簡体字）は「パイナップル」という意味なので、パイナップルパンと思った人もいるかな。
台湾ではパイナップルは鳳梨と言い、鳳梨麵包がパイナップルパンという言い方になります。けれど、実際には鳳梨麵包というパンは存在しません。残念……。
ちなみに、普通にメロンと言うときは哈密瓜と言います。

❸ ネギ入りのパン

香（シアン）蔥（ツォン）麵（ミェン）包（パオ）

日本だったら、上に載せるのはコーンマヨネーズですね。

❹ レモンケーキ

檸（ニン）檬（モン）蛋（ダン）糕（ガオ）

見た目がレモンのシフォンケーキです。味も抜群！

❺ 豚肉粉パン

肉（ロウ）鬆（ソン）麵（ミェン）包（パオ）

肉鬆は豚肉のふりかけのこと。

いくつ当たっていましたか？　どれも美味しいので、台湾旅行で見かけたときは、ぜひ食べてみてください。

単語を覚えよう

□ パイナップル　鳳（フォン）梨（リー）　□ メロン　哈（ハー）密（ミー）瓜（グア）

ちょっとしたお土産コーナー

台湾交通の要所としていつも賑わっている臺北車站は、お土産屋さんも充実しています。1階のお土産コーナーにはお店がずらりと並びます。駅で何が買えるかを押さえておけば、旅の最中、お土産探しに走りまわらなくてもすみますよ。

台湾土産の定番と言えば、もちろんパイナップルケーキ＝鳳梨酥です。ほろほろサクサクとした生地にしっとりした餡が、美味しいですよね。
パイナップルケーキには、皆さんがあまり知らない秘密があります。
実は昔ながらのパイナップルケーキには、冬瓜入りの餡が使われているのです。ビックリ！　理由は、冬瓜は安く食感が良いから。
21世紀に入り、パイナップルケーキのバージョンアップ「土鳳梨酥」の人気が高くなってきました。「土」には「昔からの」「その土地特有，地方の」という意味があります。酸味が強いパイナップルの進化版とも言える台湾原産のパイナップルを使っており、これまた美味しい！

次のページでは、美味しい「伴手禮」（手土産）をご紹介します。

単語を覚えよう

□ 手土産　伴手禮（バン ソウ リー）　□ パイナップルケーキ　鳳梨酥（フォン リー スー）

タロイモ饅頭

芋 頭 酥 *1
ユイ トウ スー

塩漬け卵黄とあんこ入り月餅

蛋 黃 酥
ダン ホワン スー

緑豆饅頭

綠 豆 凸
リュイ ドウ トウ

綠 豆 椪 *2
リュイ ドウ ポン

水あめ入りパイ

太 陽 餅
タイ ヤン ピン

パイナップルケーキ

土 鳳 梨 酥
トゥ フォン リー スー

＊１ 芋頭酥：頭は、辞書では軽声ですが、実際には第２声で発音する人が多いです。

＊２ 綠豆椪：椪は台湾語由来で「突き出る」という意味があります。

4日目

最終日。
異国を
　大冒険！

18 ディープな台湾へようこそ！

 ## 出身者もなかなか知らない台湾の魅力

旅には冒険がつきもの。まったく見知らぬはじめてのことにチャレンジして、それを乗り越えたときの喜びは旅の醍醐味の1つだと私は思うんです。

台湾の旅と言えば、夜市、足裏マッサージ、小籠包、台湾茶、公園での太極拳や体操などなど、どれも外国人から人気を集めています。けれど、せっかくなので旅行ガイドに載っていない台湾も知ってほしい！　何がいいかなぁと考えあぐねて、台湾に留学経験のある日本人の友だちに聞いてみました。

台湾で何が一番面白いですか？	台灣什麼最好玩？ タイ ワン セン モ ズイ ハオ ワン
エビ釣り！	釣蝦！ ディアオ シャー
本当ですか？	真的嗎？ ゼン ダ マ
本当だよ！	是真的！ スー ゼン ダ

単語を覚えよう

□もっとも、一番　最（ズイ）　□釣る　釣（ディアオ）　□エビ　蝦（シャー）

156

「釣蝦」という返事に「えっ!? エビ釣り？ 嘘でしょ？」と耳を疑いました。台湾人でもなかなか行かないディープな世界。台湾出身にもかかわらず、実は私もエビ釣りをしたことはありませんでした。そんなマニアックな遊びが日本人の口からでるとは！
では、私と一緒にエビ釣りの楽しさと魅力を探ってみましょう。

樂 's POINT

▶ 主述述語文

「台灣什麼最好玩？」のフレーズは、全体としては台灣が主語、什麼最好玩が述語になっています。細かく見ると、述語部分がさらに主語と述語に分かれています。直訳は「台湾は、何が一番楽しいですか？」になりますね。

→ 台湾では、何が一番楽しいですか？

台湾華語には、英語の関係詞のような働きの言葉がないので、このように**文のなかに文を入れるだけで、複雑な文をつくっていけます**。慣れないととまどうかもしれませんが間違えを気にせず、どんどん文をつなげて話していきましょう。

エビ釣りデビューの日

「釣蝦場」（エビ釣り場）に到着すると、そこは家族づれやカップル、若者たちで賑わっていました。
まずは受付で支払い方法を聞いてみましょう。

| お尋ねしますが、こちらはどう払えばいいですか？ | 請問，這裡怎麼收費？
チン ウェン ゼア リー ゼン モ ソウ フェイ |

| こちらに書いてあります。 | 這裡有寫。
ゼア リー ヨウ シエ |

店員さんが示した看板を見ると、時間ごとの金額が書いてあり、どうやらここは時間制のようです。では、時間を決め、支払いをしましょう。

| 1時間でお願いします。 | 我要釣一個小時。
ウオ ヤオ ディアオイー ガ シャオ スー |

支払いが済んだら、「釣竿」（釣り竿）と「釣餌」（釣りエサ）を受け取り、空いている席に陣取ります。

単語を覚えよう

□ ～場　～場（ツァン）　□ 料金　収費（ソウ フェイ）　□ 1時間　一個小時（イー ガ シャオ スー）

□ 釣り竿　釣竿（ディアオ ガン）　□ 釣りエサ　釣餌（ディアオ アー）

さあ釣蝦本番！

釣餌は、「生豬肝」（生レバー）と「乾蝦」（干しエビ）。レバーはヌルヌルしていて抵抗があったので、干しエビを選びました。カッターで乾蝦を小さく切って、釣鈎（釣り針）の先に引っ掛けます。エサは小さいほうが食いつきやすく、大きなエサは逆効果のようです。

「釣魚線」（釣り糸）にはあらかじめ「浮標」（浮き）がついており、浮標が沈むと、エビが釣餌を食べはじめた合図。けれど、ちょっと沈んだからと言って、すぐに引きあげてはダメで、釣竿をチョコチョコ動かして様子を見て、確実に針まで食べた時点で釣竿を引いて釣りあげるといいようです。

釣りに必要なのは「注意力」（集中力）、「毅力」（持続力）、「耐力」（忍耐力）だと言われます。もちろん、エビ釣りも。エビ釣りをとおして、釣れるまで気長に待つことの大切さを悟りました。

結局、私が釣ったのは1時間で2尾だけでしたが、エビを釣った瞬間の達成感はなんとも言えません。エビそのものを釣った嬉しさもありますし、3つの力を鍛えることもできました。「エビ釣り」とかけて「減肥」（ダイエット）と解く。その心は？――どっちも「欲速則不達」（急がば回れ）です。

釣ったエビは、その場で竹串に刺して塩をまぶし、焼いて食べられます。焼きたてのエビは、香ばしくて美味！　あ〜、楽しかった‼

単語を覚えよう　122

□生〜　生〜　セン　　□豚のレバー　豬肝　ズー　カン　　□干し〜　乾〜　ガン　　□釣り針　釣鈎　ティアオ　ゴウ

□釣り糸　釣魚線　ティアオ　ユイ　シェン　　□浮き　浮標　フー　ビャオ　　□集中力　注意力　ズー　イー　リー

□持続力　毅力　イー　リー　　□忍耐力　耐力　ナイ　リー　　□ダイエット　減肥　ジェン　フェイ

□急がば回れ　欲速則不達　ユイ　スー　ザー　ブー　ダー

温泉地でのんびり。台北の温泉

遊んだあとは、ゆっくりしたくなりますよね。
普段と異なるゆったりした時間を過ごすのも旅の醍醐味。台北には、温泉地として知られている「北投温泉（ベイトウ ウェンチュエン）」があります。
1894年（清の時代）にドイツ人商人が北投（ベイトウ）で温泉開発をしたのがその起こり。その後、北投（ベイトウ）を訪れた大阪出身の商人が、温泉の質の良さに目をつけ、1896年にはじめての温泉旅館を開いたことで、発展していきました。

台北市立図書館北投分館　©台湾観光局

自由に入れる足湯

地熱谷　©台湾観光局

北投温泉博物館　©台湾観光局

北投温泉博物館

臺北車站から「淡水」行きの地下鉄に乗り、北投站で「新北投支線」に乗り換えると数分で北投温泉最寄りの新北投站に着きます。乗り換え時間を含めても臺北車站から30分足らずです。

新北投站を降りるとそこは情緒豊かな温泉街。道には温泉の図柄が刻まれた縁石がならび、あずま屋が見えます。公園を横目に歩いていくと「凱達格蘭文化館」（ケタガラン文化館／先住民族ケタガラン族の資料館）をはじめ、美術館のような図書館や温泉博物館、ホテル、公衆浴場などがあります。

新北投站から南東方向に進んでいくと「泉源公園」という無料で「泡脚池」（足湯）につかれる公園があります。公園の木々の下、足湯につかりながら、ゆったりした時間を過ごすのもいいですよ。

気持ちいいな！
好舒服喔！
ハオ スー フー オ

台北には他にも温泉ホテルや公共の露天風呂がたくさんあり、なかには混浴のところもあります。ただし、泳衣（水着）着用です。ですので、日本人からすると温泉というよりも家族で遊べる温水プールという印象でしょうか。

単語を覚えよう

□北投 北投 ベイ トウ	□温泉 温泉 ウェン チュエン	□淡水 淡水 ダン スェイ	□（鉄道の）支線 支線 ズー シェン
□ケタガラン族 凱達格蘭 カイ ダー ガー ラン	□文化館 文化館 ウェン ホア グァン
□源泉 泉源 チュエン ユエン	□公園 公園 ゴン ユエン	□足湯 泡脚池 バオ チャオ ツー
□気持ちいい 好舒服 ハオ スー フー	□水着 泳衣 ヨン イー

温泉や大衆澡堂（銭湯）に入るときはチケット売り場でこう言いましょう。
　　　ダー ゾン ザオ タン

| 大人1枚ください。 | 我要一張全票。
ウオ ヤオ イー ザン チュエン ピャオ | 🔊 123 |

全票とは大人用の入場券のことです。子ども用の入場券は、料金が通常大人の
チュエンピャオ
2分の1なので「半票」と言います。場所によっては65歳以上の人も半票です。
　　　　　　　　バン ピャオ　　　　　　　　　　　　　　　　　　　　　　バン ピャオ

浴場に入ったらまず身体を洗いましょう。シャンプーとボディソープの見分けが
つかないときは、近くの人に聞いてしまいましょう。

| これはシャンプーですか？ | 這是洗髮精嗎？
ゼア スー シー ファー ヂン マ | 🔊 123 |
| これはボディソープですか？ | 這是沐浴乳嗎？
ゼア スー ムー ユイ ルウ マ |

台北市立図書館北投分館　©台湾観光局

北投文物館　©台湾観光局

単語を覚えよう 🔊 124

□ 銭湯　大衆澡堂　　□ 大人券　全票　　□ 半額券　半票
　　　　ダー ゾン ザオ タン　　　　　　チュエン ピャオ　　　　　　バン ピャオ

□ シャンプー　洗髮精　　□ ボディソープ　沐浴乳
　　　　　　　シー ファー ヂン　　　　　　　　ムー ユイ ルウ

4日目

162

本屋さんで訪れる出会いの瞬間

旅の途中で現地の本屋さんを訪れるのも楽しいもの。その国の文字に囲まれることができるし、現地のガイドブックで情報を仕入れたり、はたまたマンガを探してみたり……。
台湾には、有名な「連鎖店」(リェン スオ ティェン)（チェーン店）の本屋さんがあります。忠孝敦化站(ソン シャオ ドゥン ホア ザン)の近くにある本店は24時間開いているし、本はもとより服、CD＆DVD、文房具、雑貨など様々な商品をそろえています。

誠品書店信義店　©台湾観光局

お目当ての本があれば、お店のフロアマップから探してもいいし、「讀者服務中心(ドゥ ザー フー ウー ゾン シン)」（インフォメーションカウンター）で聞いてもいいでしょう。店員さんに本の情報が書いてある紙を渡して、次のように聞きましょう。

| この本を探したいのですが。 | 我 想 要 找 這 本 書。
ウオ シアン ヤオ ザオ ゼア ベン スー |

単語を覚えよう

- □チェーン店　連鎖店(リェン スオ ティェン)　□忠孝敦化　忠孝敦化(ソン シャオ ドゥン ホア)　□読者　讀者(ドゥ ザー)
- □サービス　服務(フー ウー)　□インフォメーションカウンター　服務中心(フー ウー ゾン シン)
- □探す　找(ザオ)　□〜冊　〜本(ベン)　□本　書(スー)

4日目　最終日。異国を大冒険！

163

店員さんが探してくれる間、店内を見渡すと、夜遅い時間にもかかわらず読書家がたくさんいます。お店のテーブルとイスを使っている人もいれば、階段に座っている人もいます。

目についた本をとろうと手を伸ばすと、同じ本をとろうとした人の手と触れあう——そんなマンガのような出会いもあるかもしれません。そのときには笑顔でこのように言いましょう。

| すみません、お先にどうぞ。 | 不好意思，您先請。
ブー ハオ イー スー ニン シェン チン |

こういうセリフがご縁のはじまり。

このような出会いの瞬間はいつでもどこでも。道端で正面衝突しそうになったり、同じタイミングで改札口を通ろうとしたり、レジではちあわせしたり……。外国にいても知らず知らずのうちに人との出会いの瞬間があります。もちろん、そうした出会いはただの偶然です。けれど、あなたの選択によっては偶然を運命にできますよ。ただのすれ違いで終わるか、運命の出会いとなるか。おそれず、恥ずかしがらず！

| あなたと友だちになってもいいですか？ | 我可以跟你做個
ウオ カー イー ガン ニイ ヅオ ガ
朋友嗎？
ポン ヨウ マ |

単語を覚えよう

☐ お先にどうぞ　您先請　　☐ どうぞ（你）請
　　　　　　　　ニン シェン チン　　　　　　ニイ　　チン

☐ (友人, 夫婦, ライバルなどの)関係を結ぶ, 〜となる 做〜　☐ 友だち 朋友
　　　　　　　　　　　　　　　　　　　　　　　　　　ヅオ　　　　　　　　ポン ヨウ

よく言えました！　運命の分かれ道の返事は──

| いいですよ！ | 好ㄏㄠ 啊ㄚ！ |
| | ハオ　ア |

やったね！　大成功！！

| う〜ん……。 | 嗯ㄣ＊……。 |
| | ン |

考え中のようです。もうひと押し？

| ごめんなさい……。 | 不ㄅㄨ 好ㄏㄠ 意ㄧ 思ㄙ……。 |
| | ブー　ハオ　イー　スー |

残念……。けれど、ナイスチャレンジ!!

＊嗯：注音符号のㄣは通常、カタカナ読みの「エヌ」に近い発音ですが、「う〜ん……」というときには、「ン」に近い1つの鼻母音のような音になります。

話がそれてしまいましたね。本屋さんに戻りましょう。
目当ての本は在庫があり、お会計を済ませました。日本の本屋さんならレジで「書套ㄕㄨ ㄊㄠ」（ブックカバー）をかけてくれますが、台湾ではそういったサービスはありません。文房具屋さんに書套ㄕㄨ ㄊㄠを買いに行かなきゃ。

単語を覚えよう

□（考え中のときの）う〜ん　嗯ㄣ　□ブックカバー　書ㄕㄨ 套ㄊㄠ
　　　　　　　　　　　　　　　ン　　　　　　　　　スー　タオ

4日目
最終日。異国を大冒険！

165

日本の面影残るレトロ建物／道端の出会い

　私は台湾の教育部を経由し、2009 年から拓殖大学で台湾人教員として中国語と台湾語を教えています。拓殖大学の前身は 1900（明治 33）年に設立された台湾協会学校です。日本は日清戦争の勝利によって、台湾の統治権を得て、その後約 50 年間、台湾は日本の植民地になりました。台湾を開発・経営する若い人材を養成するために設立された教育機関が台湾協会学校でした。今でも拓殖大学は、台湾との交流や文化活動などが活発に行われています。

　台湾は、日本に統治されていたため、日本統治時代の建物が各地に数多く残っています。当時の面影を見つけながら、ゆかりの地をめぐってみましょう。50 年間の日本統治時代の足跡をたどることで、歴史のなかで育まれてきた絆の深さを感じることができるのではないでしょうか？

旧台湾総督府

總統府
ゾン トン フー

MRT の臺大醫院站または西門站下車

旧台北州庁

監察院
ヂェン ツァ ユェン

臺北車站または
MRT の臺大醫院站、善導寺站下車

国立台湾大学

臺	灣	大	學
タイ	ワン	ダー	シュエ

MRT の公館站下車

前身は、1928年日本統治時代に設立された台北帝国大学です。現在は日本の東京大学に相当する大学です。

国立台湾大学医学院附属病院

臺	大	醫	院
タイ	ダー	イー	ユェン

MRT の臺大醫院站下車

隣にある、日本統治時代の遺構が博物館に生まれ変わった「臺大醫學人文博物館」(台湾大学医学人文博物館) も見どころです。

国立台湾師範大学

臺	灣	師	範
タイ	ワン	スー	ファン
大	學		
ダー	シュエ		

古亭站 または 台電大樓站下車

私の母校です。隣にある、夜市の1つ「師大夜市」が有名です。

台湾タバコ・酒類株式会社

臺	灣	菸	酒	股
タイ	ワン	イェン	ヂョウ	グー
份	有	限	公	司
フェン	ヨウ	シェン	ゴン	スー

MRT の中正紀念堂站下車

日本統治時代に始まり、国営企業としてタバコ、酒、アヘン、食塩、樟脳(カンフル)、マッチ、石油などを専売していました。

西門紅楼

西	門	紅	樓
ㄒㄧ	ㄇㄣˊ	ㄏㄨㄥˊ	ㄌㄡˊ
シー	メン	ホン	ロウ

MRTの中正紀念堂站下車

劇場やアート、カフェ、雑貨まで詰まったカルチャースポットです。

黄金博物館

黄	金	博	物	館
ㄏㄨㄤˊ	ㄐㄧㄣ	ㄅㄛˊ	ㄨˋ	ㄍㄨㄢˇ
ホワン	ヂン	ボオ	ウー	グァン

台湾鉄道の瑞芳車站から
金瓜石・九份行きのバス乗車

博物館のある金瓜石は日本統治時代、金と銅の産地として繁栄しました。

（台湾鉄道の）台中駅

臺	中	車	站
ㄊㄞˊ	ㄓㄨㄥ	ㄔㄜ	ㄓㄢˋ
タイ	ゾン	ツァー	ザン

高鐵の臺中車站下車後、徒歩で
台湾鉄道の新烏日站へ向かい、乗り換え

東京駅竣工の3年後、1917年に完成しました。現在は国家二級古蹟に指定されています。

旧台中市政府・台中州庁

舊	臺	中
ㄐㄧㄡˋ	ㄊㄞˊ	ㄓㄨㄥ
ヂョウ	タイ	ゾン

市	政	府
ㄕˋ	ㄓㄥˋ	ㄈㄨˇ
スー	ゼン	フー

臺	中	州	廳
ㄊㄞˊ	ㄓㄨㄥ	ㄓㄡ	ㄊㄧㄥ
タイ	ゾン	ゾウ	ティン

台湾鉄道の臺中車站から、
バスで臺中州廳停留所下車

こんなふうに建物めぐりをしたり、街中をぶらぶらしていると、色々な出会いがあります。出会いはなにも人だけとは限りません。散歩中の 小狗 だったり、日向ぼっこをしている 小貓 だったり……。私は可愛いワンちゃんを見かけるたびに、ついつい声をかけてしまいます。

127

この子と少し遊んでもいいですか？お手！

我 可 以 跟 牠 玩
ウォ カー イー ガン ター ワン

一 下 嗎？ 握 手 ！
イー シャ マ ウォ ソウ

写真を撮ってもいいですか？

我 可 以 跟 牠 拍 照 嗎？
ウォ カー イー ガン ター パイ ザオ マ

こちらを見て、1、2、3。

看 這 邊 ， 一 ， 二 ， 三 。
カン ゼア ピェン イー アー サン

単語を覚えよう

128

□西門 西 門 シー メン	□善導寺 善 導 寺 サン ダオ スー	□公館 公 館 ゴン グァン
□人文博物館 人 文 博 物 館 レン ウェン ボオ ウー グァン		□古亭 古 亭 グー テイン
□台電大楼 台 電 大 樓 タイ ディエン ダー ロウ		□師大夜市 師 大 夜 市 スー ダー イエ スー
□瑞芳 瑞 芳 ルイ ファン	□金瓜石 金 瓜 石 チン グア スー	□九份 九 份 チョウ フェン
□新烏日 新 烏 日 シン ウー リィ	□犬 小 狗 シャオ ゴウ	□猫 小 貓 シャオ マオ
□握手,お手 握 手 ウォ ソウ	□写真を撮る 拍 照 パイ ザオ	

4日目

最終日 異国を大冒険！

169

19 台湾のお祭り

日本と台湾で、お正月を2度楽しむ！

「跨年晚會」(カウントダウン・イベント)が行われたり、日本では年越しを盛大にお祝いしますよね。台湾でも年越しやお正月をお祝いします。

ただし、台湾では旧暦のお正月のほうが盛大です。日本ではもうあまり馴染みのない旧暦ですが、旧暦1月1日(新暦1月下旬から2月中旬の間に設定される)を「春節」と言い、旧正月を迎えることを「過年」、大晦日を「除夕」と言い、家族そろって食事をし「紅包」(お年玉)ももらえます。

ランタンフェスティバル ©台湾観光局
台北101のカウントダウン花火
九份 ©台湾観光局

Let's go!!

> あけまして
> おめでとう
> ございます！

新年快樂！
シン ニェン クァイ ラ

新年好！
シン ニェン ハオ

恭喜！ 恭喜！
ゴン シー　　ゴン シー

この3つのフレーズ「新年快樂！」「新年好！」「恭喜！ 恭喜！」はどれも
「あけましておめでとうございます！」という意味で、よく使います。

旧正月後、最初の満月に当たる日は「元宵節」と呼ばれ、様々な行事が行われ
ます。一家円満の象徴と言われる丸いお団子「湯圓」（餡入りだんご）を食べた
り、ランタンフェスティバルに行ったり。
——日本でも有名になってきた台湾のランタンフェスティバルには、空に飛ば
す「天燈」と電飾煌めく「花燈」があります。では、一緒におでかけしてみま
しょう。

単語を覚えよう

□年越し	跨年 クァ ニェン	□（夜開催の）イベント	晩會 ワン ホェイ	□旧暦1月1日	春節 ツン チエ
□旧正月を迎えること	過年 グオ ニェン	□大晦日	除夕 ツウ シー	□お年玉	紅包 ホン バオ
□新年	新年 シン ニェン	□元宵節 げんしょうせつ	元宵節 ユェン シャオ チエ	□餡入りだんご	湯圓 タン ユェン
□（空に飛ばす）提灯	天燈 ティエンドン	□（電球やロウソクなどで光らせる）提灯		花燈 ホア ドン	

4日目

最終日。異国を大冒険！

ちょっと寄り道、ファンタジーの世界へ

毎年旧正月、台北郊外の「平渓(ピンシー)」は「天燈節(ティエンドンチエ)」(ランタンフェスティバル)の観光客で賑わいます。平渓(ピンシー)に行くには、臺北車站(タイペイツァーザン)から台湾鉄道で瑞芳車站(ルイファンツァーザン)まで行き、そこでローカル支線平渓線に乗り換えます。——あっ、對了(ドイラ)!(そうだ!)

話が脱線しますが、瑞芳車站(ルイファンツァーザン)からは「九份老街(チョウフェンラオチエ)」に行くバスがでています。
九份(チョウフェン)はかつて金の採堀で栄えた街で、海に面し山に囲まれた自然豊かなところです。一説には、昔、ここには9軒の家があり、町に買い物にでかけたり貨物の船にきたときに、「9」軒「分=份(フェン)」の物資を備えるようにしたというのが、地名の由来と言われています。「老街(ラオチエ)」は、「昔ながらの街並みを残した通り」のことです。

一時は寂れた九份(チョウフェン)ですが、「宮崎駿(ゴンチーチュン)」監督の動畫片(ドンホアピェン)(アニメ映画)『神隱少女(センインサオニュイ)』(『千と千尋の神隠し』)の世界に似ていると話題になり、現在は人気のスポットとなっています。くねくねと蛇のようにうねる山道を通って、不思議な異次元の世界に迷い込んだように感じられますよ。

単語を覚えよう

□平渓 平渓(ピンシー)	□〜記念日,祝祭日 節(チエ)	□そうだ 對了(ドイラ)
□九份の古い街並み 九份老街(チョウフェンラオチエ)	□宮崎駿 宮崎駿(ゴンチーチュン)	
□アニメ映画 動畫片(ドンホアピェン)	□千と千尋の神隠し 神隱少女(センインサオニュイ)	

願いを空へ「天燈」飛ばし

平溪(ピンシー)のランタンフェスティバルに話を戻しましょう。
ランタンフェスティバルは毎年、旧正月の間に行われます。一斉に天燈(ティエントン)が空へ昇っていく様子はとても神秘的で、一見の価値ありです！

実はこの天燈(ティエントン)は、平溪車站(ピンシーツァーザン)・十分車站(スーフェンツァーザン)・菁桐車站(チントンツァーザン)の近辺で1年中飛ばすことができます。
瑞芳車站(ルイファンツァーザン)の駅員さん曰く、「十分車站(スーフェンツァーザン)がおススメ」。理由は、十分車站(スーフェンツァーザン)の周りには「胡(フー)」という姓(シン)(苗字)の人が大勢住んでおり、「十分姓胡(スーフェンシンフー)」と「十分幸福(スーフェンシンフー)」(とても幸福)という語呂合わせができ、縁起がいいから。しかも、線路の上でランタンを飛ばすというめったにできない体験もできるとのこと。
これは、楽しみ‼

十分車站(スーフェンツァーザン)に着くと、早速ランタン屋さんが話しかけてきます。お店には写真つきの説明があるので、はじめてでも言葉が通じなくても安心です。

十分駅周辺

©台湾観光局
©台湾観光局

単語を覚えよう

□ 十分(地名),とても〜 十分(スーフェン)　□ 菁桐 菁桐(チントン)　□ 胡 胡(フー)

□ 幸福 幸福(シンフー)

4日目 最終日、異国を大冒険！

まず、ランタンの色を決めましょう。色によって意味が違いますよ。

	この色にしたいのですが。	我想要這個顔色。 ウォ シアン ヤオ ゼァ ガ イェン サー				
赤	紅色 ホン サー		健康, 安全	ピンク	粉紅色 フェン ホン サー	幸せ, 楽しさ
黄色	黃色 ホワン サー		金運, 商売繁盛	赤＋ ピンク	紅色＋ ホン サー 粉紅色 フェン ホン サー	モテ運, 人間関係
青	藍色 ラン サー		天職, 仕事運			
緑	綠色 リュイ サー		願望成就	オレンジ色	橘色 ヂュイ サー	恋愛運, 愛情・結婚
白	白色 バイ サー		前途将来, 希望に満ちる	紫	紫色 ズー サー	勉学, 受験

次に、ランタンに自分の願いを書き込みます。日本語で書いてもいいのですが、ここはやっぱり台湾華語で書いてみましょう（右ページ参照）。
願いごとを書き終えたら、お店の人にランタンの確認をしてもらいます。

これで大丈夫ですか？	這樣可以嗎？ ゼァ ヤン カー イー マ

問題なければ、お店の人が飛ばせるように、ロウソクをセットしてくれます。

単語を覚えよう

□ 色 顔色
イェン サー 、 □ このようにして, これで 這樣
ゼァ ヤン

願いごと

家族みんな健康で過ごせますように	希 望 全 家 身 體 健 康 シー ワン チュェン ヂア セン ティー ヂェン カン	
家族みんな幸せに過ごせますように	希 望 全 家 幸 福 美 滿 シー ワン チュェン ヂア シン フー メイ マン	
恋人ができますように	希 望 能 找 到 好 對 象 シー ワン ノン ザオ ダオ ハオ ドェイ シアン	
結婚できますように	希 望 能 結 婚 シー ワン ノン ヂェ フン	
いいご縁がありますように	希 望 能 有 好 姻 緣 シー ワン ノン ヨウ ハオ イン ユェン	
試験がうまくいきますように	希 望 考 試 順 利 シー ワン カオ スー スン リー	
仕事が成功しますように	希 望 事 業 成 功 シー ワン スー イエ ツェン ゴン	
出世できますように	希 望 升 官 發 財 シー ワン セン グァン ファー ツァイ	
お金持ちになれますように	希 望 荷 包 滿 滿 シー ワン ハー パオ マン マン	

準備万端！　さあ、線路の上でスタンバイ！　ただし、時間によっては、

> 電車がくるぞ！
> 危ない！　みんな
> 早く逃げろ！

火車快來了！
ホオ ツァー クァイ ライ ラ

危險！　大家快逃！
ウェイ シェン　ダー チア クァイ タオ

と電車がくることもあります。撤退の様子は見物ですよ。
電車が去ると、線路に戻ってランタンと写真を撮ってから空へ飛ばします。
他の観光客たちもスタンバイが終わり、一斉にランタンを手から離すと、大きな歓声があがりました。さっきまでの空が、なんだか違った空に感じられます。日本の灯籠流しの空バージョンのように、ゆらゆらとどんどん遠ざかっていくランタンをずっと眺めていました。

©台湾観光局

単語を覚えよう

□ 汽車,電車	火車 ホオツァー	□ 危ない	危險 ウェイシェン	□ みんな	大家 ダーチア

□ 早く〜	快〜 クァイ	□ 逃げる	逃 タオ

176

行きは電車だったから、帰りはバスにしよう。駅の前の吊り橋を渡れば、台北行きのバスに乗れます。台北市内のMRT「木柵」という駅まで1時間ちょっと。「ふう……、なんだか眠たいなぁ」。ふいに心地良い睡魔に襲われ、帰りのバスは夢のなかでした。

樂 's POINT

▶「近未来」を表す「もうすぐ〜する」：快＋〔動詞〕＋了

過去を表すのに、日本語では「来る」→「来た」と動詞の変化を用いますが、中国語では動詞の後ろに動詞の完了を示す助詞了をつければOKでしたね。
ここでは、**「もうすぐ〜する」**という表現を覚えましょう。新しい状況が近いうちに発生するのを表したいときにも、〔動詞〕＋了を使います。このとき、**動詞の前に副詞快**を伴い、「**快＋〔動詞〕＋了**」で近未来が表せます。

電飾煌めくもう１つのランタンフェスティバル

LED電球を使うランタン「花燈(ホアドン)」の祭りは台北などで行われています。その年の干支の山車が主役となって、そのほかにも美しい作品が飾られ、夜空に映える幻想的な光景は最高です。

そっちに見に行きましょう！
我(ウオ)們(メン)去(チュイ)那(ナー)邊(ビェン)看(カン)看(カン)吧(バ)！

これは本当に美しいですね！
這(ゼア)個(ガ)真(ゼン)漂(ピャオ)亮(リャン)！*

＊漂亮：亮は、辞書では軽声となっていますが、実際には第４声で発音しています。

その年の干支だったり、毎年違うランタンがでるから何度行っても楽しめるよ！

単語を覚えよう

□ 本当に〜 真(ゼン)〜　　□ 美しい 漂(ピャオ)亮(リャン)

4日目

最終日。異国を大冒険！

20 3拍子そろった「行天宮」
パワースポット・占い・お手軽エステ

行天宮

占い通りのお手軽エステ
（糸を使った顔の産毛取り）

台湾人から愛される「行天宮」

パワースポットや占い、エステ目当てで、台湾観光にこられる方もいるでしょう。そこで、私がおススメしたいスポットが台北の「行天宮」。「龍山寺」と並んで台湾人がよくお参りするお寺です。

行天宮は三国志時代の英雄「關羽」(関羽)などを祀っている廟です。台湾華語や中国語の勉強をしている日本人のなかには、小説やマンガ、ゲームの影響で「三國志」(三国志)が好きな人もたくさんいるようです。三国志の登場人物名を台湾華語で覚えておけば、台湾の人とも会話が盛りあがりますよ。

三国志の主な登場人物

劉備	劉 備 リョウ ベイ	諸葛亮	諸 葛 亮 ズー ガー リャン
関羽	關 羽 グァン ユイ	張飛	張 飛 ザン フェイ
曹操	曹 操 ツァオ ツァオ	孫権	孫 權 ソン チュエン
呂布	呂 布 リュイ ブー	董卓	董 卓 ドン ヅォ

単語を覚えよう

☐ 行天宮 行 天 宮 シン ティエン ゴン ☐ 龍山寺 龍 山 寺 ロン サン スー ☐ 三国志 三 國 志 サン グオ ズー

4日目 最終日。異国を大冒険!

181

さて、なぜ私が行天宮をおススメするかと言うと、パワースポットなのはもちろん、この辺りでは占いやちょっとしたエステもでき、まさに3拍子そろった、「一挙両得」ならぬ「一挙三得」だからです！

MRTの行天宮站をでると、お花や宝くじを売っているスタンドをちらほらと見かけます。お供えのお花を買ってもいいかもしれませんね。

お花を 1束ください。	我要一束花。 ウオ ヤオ イー スー ホア

行天宮に入ると、すごい人だかり。人の流れに沿って、ゆるゆる進みましょう。

お参りするときの作法はとくにありません。真剣に手を合わせてお祈りすれば大丈夫。お花や新鮮な果物をお供えしなくても、お線香を焚かなくてもいいし、わざわざ新しい服を着ていかなくてもOKです。

台北・龍山寺 ©台湾観光局

台北・迪化街~霞海城隍廟 ©台湾観光局

お参りするからと特別なことをしなくても、やさしい心を持った人間が放つ香りが廟に漂うことで、つまりお参りに行くだけで、神様は喜ぶと言われているよ。

単語を覚えよう

□一挙両得　一挙兩得
　　　　　　イー チュイ リャン ダー

おみくじをひいてはいけない？

お参りを済ませたら、せっかくなのでおみくじをひいて神様からアドバイスをもらうのもいいでしょう。では早速、おみくじの棒を選んで……。

ちょっと待って！ 等一下！
ドン イー シャ

実は台湾では、おみくじをひいてはいけないときがあるんです。
台湾では、おみくじをひく際に「擲筊」をします。
ポア ボエィ

擲筊とは、ギョウザのような形（小腹の空いた担当編集者がこう表現していましたが、ピッタリだと思いました）をした赤い道具2個を手に持って、神様に名前、生年月日、住所、相談ごと（1つだけ）などを伝えてから、放り投げ、落ちた向きでおみくじをひくべきか否か、神様のメッセージを判断する行為です。

① 赤い道具を2つ手にとり、祈る
② 赤い道具を放り投げる
③ 赤い道具が落ちたあとの向きを見る
④ ③の結果次第でおみくじをひける

単語を覚えよう

☐ 待つ 等一下　☐ おみくじをひくか判断する行為 擲筊（台湾語）
　　　　ドン　　　　　　　　　　　　　　　　　　ポア ボエィ

❶丸く盛りあがった面＋平らな面
→ 「よろしい」「あっています」

❷丸く盛りあがった面＋丸く盛りあがった面
→ 「いけません」「違います」

❸平らな面＋平らな面
→ 「相談ごとの内容が不明確」
　「もう決めていることなので必要なし」

❶の結果がでれば、おみくじをひいて OK。❷と❸がでたら、今回はおみくじをひいてはいけません。

❶の結果がでた人は次に進みましょう。筒のなかからおみくじの棒を１つ選び、しっかり番号を確認したのち、元に戻します。次に、神様におみくじの番号が正しいかどうかを確認する擲筊（ボアボエィ）をします。ここでも❶の結果がでないとダメ。ただしここでは、❷❸のときは違うおみくじの棒をとって番号を確認し、擲筊（ボアボエィ）をし、神様のメッセージを確認します。また❶以外なら、違うおみくじの棒をとって……と❶の結果がでるまで繰り返します。

おみくじの番号が間違っていないことを確認できたら、その番号に対応したおみくじを受け取りに行きます。

おみくじの意味をはっきり知りたいなら、事務所の方に説明してもらいましょう。不定期ですが、日本語のわかるスタッフもいますよ。

日本語を話せる人はいますか？

這(ゼァ) 裡(リー) 有(ヨウ) 會(ホェイ) 說(スオ) 日(リィ) 文(ウェン) 的(ダ) 人(レン) 嗎(マ)？

樂 's POINT

▶「～できる」：會＋〔動詞〕

會は学習・訓練によって得られる能力を表す助動詞で、「會＋〔動詞〕」の形で「～できる」という意味になります。

36ページででてきた「〔とくに意味のない〕助動詞：會〕＋〔形容詞〕」とは異なるので注意しましょう。

> 私は日本語を話せます。
> 我 會 說 日 文 。
> ウオ ホェイ スオ リィ ウェン

▶存在文「～に…がある／いる」：～〔名詞（場所）〕＋有＋…〔名詞（物／人）〕

這裡有會說日文的人嗎？という文は一見難しい文だと思ったかもしれませんね。この文では、「存在文」という構文を使っています。

存在文は、「〔場所〕＋有＋〔物／人〕」という形をとり、「〔場所〕に〔物／人〕がある／いる」という意味を表します。

〔場所〕	+	有	+	〔物／人〕を修飾する〔形容詞句〕	〔物／人〕	
這裡 ゼァ リー		有 ヨウ		會 說 日 文 的 ホェイ スオ リィ ウェン ダ	人 レン	嗎？ マ
ここに		います		日本語を話せる	人が	か？

→ ここに日本語を話せる人はいますか？

単語を覚えよう

□ ～できる　會 ～
　　　　　　ホェイ

よりどりみどり、様々な占い

行天宮（シンティエンゴン）の前にある地下道は、「命理大街」（ミンリーダーチエ）（占い通り）と呼ばれています。ずらりと並んでいる占卜（サンブー）（占い）ブースは、日本語でもOK！「手相」（ソウシアン）（手相）や「塔羅牌」（タールオパイ）（タロットカード）といった定番から、「米卦」（ミーグア）（米粒占い）や「鳥卦」（ニャオグア）（鳥占い）などなど変わったものまで、台湾には様々な占いがあります。
気になる占いがあったら——

©台湾観光局

この占いをしてほしいのですが。		我（ウオ）想（シアン）算（スワン）這（ゼア）個（ガ）。
言い換えよう	□手相を見て	看（カン）手（ソウ）相（シアン）
仕事について聞きたいのですが。		我（ウオ）想（シアン）問（ウェン）工（ゴン）作（ヅオ）。
言い換えよう	□恋愛 感（ガン）情（チン）	□財運 財（ツァイ）運（ユン）

単語を覚えよう

□命と自然の法則　命（ミン）理（リー）　　□通り　大（ダー）街（チエ）　　□占い　占（サン）卜（ブー）

□タロットカード　塔（ター）羅（ルオ）牌（パイ）　　□米粒占い　米（ミー）卦（グア）　　□鳥占い　鳥（ニャオ）卦（グア）

□仕事,労働　工（ゴン）作（ヅオ）

4日目

お肌つるつる！ お手軽エステ

<u>命理大街</u>（ミン リー ダー チエ）の地下道を進んでいくと、「挽臉」（糸を使った顔の産毛取り／台湾語で<u>挽面</u>（マン ミェン）と言うことも多い）をしているお婆さんたちが、流暢な日本語で客寄せをしています。白いお粉をはたいて、産毛を糸で挟んで抜いていくという伝統的なエステで、終わったら、肌がツルツルになるそうです。

| 顔の産毛取りをしたいのですが。 | 我（ウォ）想（シアン）要（ヤオ）挽（ワン）臉（リェン）。 |
| 1回いくらですか？ | 一（イー）次（ツー）要（ヤオ）多（ドゥオ）少（サオ）錢（チェン）？ |

客引きがしつこいときは、こう言いましょう。

| またきます、ありがとう。 | 我（ウォ）等（ドン）一（イー）下（シャ）*　再（ザイ）過（グオ）來（ライ），謝（シエ）謝（シエ）。 |

＊<u>等一下</u>：183ページにも「<u>等一下</u>」（ちょっと待って）がありましたね。上記の<u>等一下</u>は若干意味が異なり「少したったら」という意味です。上記のフレーズはやんわり断ったり拒否するときに使います。日本の断り方と似ていますね。

このように、<u>行天宮</u>（シン ティェン ゴン）は参拝だけでなく占いやエステまでできちゃう3拍子そろったパワースポット！ 行きたくなっちゃったでしょう？

単語を覚えよう

□ 糸の産毛取り 挽（ワン）・臉（リェン） ＝ 挽面（マン ミェン）（台湾語）

本編を終えて──旅で見かけた人生のドラマ

台湾の旅を満喫していただけましたでしょうか？
「旅は人生の縮図」とよく言われます。本編の最後に、台湾を旅しながら、人生の瞬間瞬間を駆け足で見ていきませんか。

私が台湾に帰るとき、いつも早朝の電車で羽田空港に向かいます。
最寄りの駅に入ると、改札を通ったばかりのサラリーマンが電話をしていました。どうやら寶寶（バオバオ）（赤ちゃん）が生まれたようです。満面の笑顔で今きた道をパッと引き返す彼の背中を見送りながら、人生のドラマがはじまりました。

＊恭喜！恭喜！：新年の挨拶と同じですね。

何度か電車を乗り換え、羽田に向かう満員の車内に、小學生（小学生）の男の子と女の子が乗ってきました。可愛い帽子と自分の体よりも大きなランドセルが印象的で、「よく大人ばかりの混雑した世界に入り込んだね」と感心しました。吊り革に手の届かない年端なのに、電車に乗って登校するなんて偉いです。

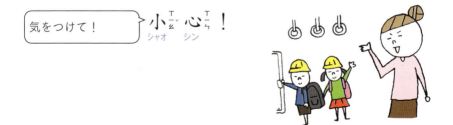

午後、台湾に着きました。久しぶりの母国。その足で國父紀念館を散策に行くと、高中生（高校生）くらいの若者たちが輪になっています。みんなでダンスをしたり、たわいのないことで笑いあう姿は、輝いて見えます。すると突然、1人の若者が高台に向かって駆けだしました。

あなたのことが好きだぁぁぁぁ！
我喜歡你〜〜〜〜！
ウオ シー ホワン ニイ

國父紀念館の近くには、台北2大夜景スポット台北１０１と象山があります。台北１０１は、地上101階、地下5階、高さ508㍍の台湾一の高層ビルです。大晦日のカウントダウン花火でも有名ですね。象山は、台北市街南東に位置する小高い山で、MRT 象山站の近くから自然歩道が整備されており、気軽に登れます。頂上からは台北１０１を含め台北を一望できます。
大學生（大学生）くらいの若い恋人たちの姿を何度となく見かけました。夜景は愛を深めたり、求婚（プロポーズ）するのに絶好のシチュエーションなのかもしれません。

僕と結婚していただけませんか？
你願意嫁給我嗎？
ニイ ユエン イー チア ゲイ ウオ マ

翌朝、台北橋に散歩にでかけました。別名「機車瀑布」（原付の滝）と言われるこの橋は、朝の通勤ラッシュ時はバイクだらけの台湾のなかでも段違い。なだらかな下り坂がバイクバイクバイクバイクバイク……とバイクでギッシリ隙間なく埋め尽くされる圧巻の光景は、まさに機車瀑布です。

あるとき、この原付の滝の前で、信号待ちのわずか100秒間に、1人の男性がプロポーズしたそうです。実はこのカップル、もう15年間結婚（結婚）生活を送っていましたが、家庭の問題で離婚（離婚）しそうになっていたけれど、もう一度はじめからやり直そうと、再度プロポーズしたそうです。

仲直りしようよ！　我們和好吧！
ウオ メン ハー ハオ バ

公園で老人家（お年寄り）のご夫婦が仲睦まじく散歩をしています。こうやって2人が手を繋ぎここに散歩してくるのは、もう20年、30年、いやいや40年かな。そんなことを考えていたら目頭が熱くなって、手帕（ハンカチ）をだして涙を拭くところでした。

その先のお寺では、おじいさんが抱っこ紐して、孫の面倒を見ていました。ぴたりと密着した体からお互いの体温や心臓の鼓動を感じているのかな。おじいさんは、智慧型手機（スマートフォン）をぎこちなく操って、お寺を背景に孫とのツーショットを撮ろうと一生懸命。何歳になっても新しいものを使おうとする向上心はすごいなと思いました。

生涯学習ですね！　活到老，學到老！*
ホオ ダオ ラオ　シュエ ダオ ラオ

＊活到老，學到老：「年老いても、学び続ける」つまり「学習とは生ある限り続けるもので、これで終わりということはない」という意味の諺です。

駆け足で台湾へと旅しながら、人生の時々を垣間見てきましたが、いかがだったでしょうか。

人生は瞬間の連続なので、その一瞬一瞬が自分のドラマになっていきます。それゆえ、どんなドラマになるかはあなた次第です。

中国でも日本でも使われる「生老病死（生老病死）」という四字熟語のとおり、生まれること、老いること、病気をすること、死ぬことは人生で避けることのできないことです。けれど、せっかくこの世に生まれてきたのですから、生きていることをもっと喜んでもいいし、もっと楽しんでもいいのです。

これからもコメディのような楽しい物語をつづっていきましょう。

一緒に頑張ろう！	我門一起加油！
	ウオ メン イー チー ヂア ヨウ

単語を覚えよう　148

□赤ちゃん 寶寶*	□小学生 小學生	□高校生 高中生
バオ バオ	シャオ シュエ セン	ガオ ゾン セン

□象山 象山	□大学生 大學生	□プロポーズ 求婚
シアン サン	ダー シュエ セン	チョウ フン

□台北橋 台北橋	□滝 瀑布	□離婚 離婚
タイ ベイ チャオ	プー ブー	リー フン

□お年寄り 老人家	□ハンカチ 手帕
ラオ レン ヂア	ソウ バア

□スマートフォン 智慧型手機	□生老病死 生老病死
ズー ホエイ シン ソウ チー	セン ラオ ビン スー

＊寶寶：辞書では第3声＋第3声ですが、実際には第3声＋軽声で発音します。

旅先でツカえる フレーズ集 & 単語集

ここからは、旅行や日常会話でよく使うフレーズと単語を、シチュエーションや種類ごとに紹介します。
勇気をだして、現地の人にぜひ台湾華語で話しかけてください。
たどたどしくても、相手の言葉でコミュニケーションをとろうとすることで、相手との関係がグッと近くなり、あなたの旅の体験はより質の高いものに変わっていくでしょう。

基本の日常会話 挨拶と返事

おはようございます。	早（安）。 ザオ　アン
こんにちは。 こんばんは。	你 好。 ニイ　ハオ
さようなら。	再 見。 ザイ　ヂェン
おやすみなさい。	晚 安。 ワン　アン

ありがとう ございます。	謝 謝 。 シエ シエ
どういたしまして。	不 客 氣 。 ブー カー チー
すみません。 （呼びかけ）	不 好 意 思 。 ブー ハオ イー スー
すみません。 （謝罪）	對 不 起 。 ドェイ ブ チー
大丈夫です。	沒 關 係 。 メイ グァン シー
お願いします。	麻 煩 你 了 。 マー ファン ニイ ラ
どうぞ。	請 。 チン
はい。	是 。 スー
いいえ。	不 是 。 ブー スー
そうです。	對 。 ドェイ
違います。	不 對 。 ブー ドェイ
わかりました。 （理解）	我 懂 了 。 ウオ ドン ラ
わかりません。 （理解）	我 不 （太） 懂 。 ウオ ブー タイ ドン
わかりました。 （承知）	我 知 道 了 。 ウオ ズー ダオ ラ
わかりません。 知りません。	我 不 知 道 。 ウオ ブー ズー ダオ
いいですよ！	好 啊 ！ ハオ ア
ちょっと考えます。	我 想 一 下 。 ウオ シアン イー シャ

旅先でツカえるフレーズ集

フレーズ

193

ホテル でツカえる街ぶらフレーズ 150

...... 泊予約をしている___と申します。*1

之前我有訂房，要住......個晚上。
ズー チェン ウオ ヨウ ディン ファン ヤオ ズー ガ ワン

我叫____。
サン ウオ ヂャオ

チェックインをお願いします。
我要check—in。
ウオ ヤオ チェック イン

宿泊の変更はできますか？

我可以改一下住宿的時間嗎？
ウオ カー イー ガイ イー シャ ズー スー ダ スー ヂェン マ

部屋は空いていますか？
有空房嗎？
ヨウ コン ファン マ

何階でしょうか？
您要到幾樓？
ニン ヤオ ダオ ヂー ロウ

......階です。
......樓。
ロウ

朝......時にモーニングコールをお願いします。

早上......點請給我morning call。
ザオ サン ディェン チン ゲイ ウオ モーニング コール

タクシーを呼んでいただけますか？*2

麻煩您幫我叫（一）台計程車好嗎？
マー ファン ニン バン ウオ ヂャオ イー タイ ヂー ツェン ツャー ハオ マ

この近くに......はありますか？
這附近有......嗎？
ゼァ フー ヂン ヨウ マ

点線部分に単語を入れて伝えましょう

- □コンビニ 便利商店 ビェン リー サン ディェン
- □スーパー 超市 ツァオ スー
- □夜市 夜市 イエ スー
- □ドラッグストア 藥妝店 ヤオ ズァン ディェン
- □郵便局 郵局 ヨウ ヂュイ
- □銀行 銀行 イン ハン

これを ...... に
送りたいのですが。

這_{ゼァ} 個_ガ 我_{ウオ} 想_{シアン} 寄_{デー} 到_{ダオ} ...... 去_{チュイ} 。

点線部分に単語を入れて伝えましょう

☐ 日本 日_{リィ} 本_{ベン} ☐ 韓国 韓_{ハン} 國_{グオ} ☐ 中国本土 中_{ゾン} 國_{グオ} 大_{ダー} 陸_{ルー}

☐ 北京 北_{ベイ} 京_{ヂン} ☐ 香港 香_{シアン} 港_{ガン} ☐ 上海 上_{サン} 海_{ハイ} ☐ USA 美_{メイ} 國_{グオ}

☐ カナダ 加_{ヂア} 拿_{ナー} 大_{ダー} ☐ イギリス 英_{イン} 國_{グオ} ☐ フランス 法_{ファー} 國_{グオ} *3

☐ ドイツ 德_{ダー} 國_{グオ} ☐ イタリア 義_{イー} 大_{ダー} 利_{リー} ☐ タイ 泰_{タイ} 國_{グオ}

私の ...... をなくして
しまいました。

我_{ウオ} 的_ダ ...... 掉_{ディアオ} 了_ラ 。

点線部分に単語を入れて伝えましょう

☐ パスポート 護_{フー} 照_{ザオ} ☐ お財布 錢_{チェン} 包_{バオ} ☐ 腕時計 手_{ソウ} 錶_{ビャオ}

☐ 携帯電話 手_{ソウ} 機_{デー} ☐ 眼鏡 眼_{イェン} 鏡_{ヂン} ☐ カメラ (照_{ザオ})相_{シアン} 機_{デー}

チェックアウトを
お願いします。

我_{ウオ} 要_{ヤオ} check−out_{チェック アウト} 。

気持ち良く過ごせました。また今度もお世話になりますね。*4

你_{ニイ} 們_{メン} 的_ダ 服_{フー} 務_{ウー} 很_{ヘン} 好_{ハオ} 。 我_{ウオ} 下_{シャ} 次_{ツー} 還_{ハイ} 會_{ホェイ}

再_{ザイ} 來_{ライ} 。

＊1 直訳：「前に予約をしており、......泊したいです。私は＿＿＿と呼ばれています。」

＊2 麻煩您幫我？＝好嗎？：「麻煩您幫我＋〔依頼ごと〕＋好嗎？」という形で「～していただけますか？」という
表現です。

＊3 法國：辞書では第3声＋第2声ですが、実際の会話は第4声＋第2声が多いです。

＊4 直訳：「あなた方のサービスは良いですね。また今度来ます。」——台湾では、このように相手のサービスを評
価して、お礼を言います。

🎁 お買い物 🎁 でツカえる街ぶらフレーズ 151 🔊

お尋ねしますが、風邪薬はどこに置いてありますか？

請 問 ， 感 冒 藥 放 在 哪 裡 ？
チン ウェン ガン マオ ヤオ ファン ザイ ナァ リー

（写真や手持ちのものを見せながら）こういうものはありますか？

有 （ 賣 ） 這 個 嗎 ？
ヨウ マイ ゼァ ガ マ

これはどういう意味ですか？	這 是 什 麼 意 思 ？ ゼァ スー セン モ イー スー
新品はありますか？	有 新 的 嗎 ？ ヨウ シン ダ マ
色違いはありますか？	有 其 他 顏 色 的 嗎 ？ ヨウ チー ター イェン サー ダ マ
おいくらですか？	多 少 錢 ？ ドゥオ サオ チェン
クレジットカードは使えますか？	可 以 用 信 用 卡 嗎 ？ カー イー ヨン シン ヨン カー マ
これ、可愛いですね。	這 個 很 可 愛 吧 ！ ゼァ ガ ヘン カー アイ バ
これを買います。	我 要 買 這 個 。 ウオ ヤオ マイ ゼァ ガ
安くしてください。	算 便 宜 一 點 。 スワン ピェン イー イー ディェン

フレーズ

飲食店 🥟 でツカえる街ぶらフレーズ 🔊152

何名様ですか？	您有幾位？ ニン ヨウ ヂー ウェイ
……人です。	……位。 ウェイ
これはなんですか？	這是什麼？ ゼァ スー セン モ
メニューはありますか？	有菜單嗎？ ヨウ ツァイ ダン マ
おススメはなんですか？	你們比較推薦什麼？ ニイ メン ビー ヂャオ トェイ ヂェン セン モ
これはどのように食べるのですか？	這個要怎麼吃呢？ ゼァ ガ ヤオ ゼン モ ツー ナ
美味しいです。	好吃。 ハオ ツー
これは頼んでいません。	這個我沒有點。 ゼァ ガ ウオ メイ ヨウ ディェン

私の……を落としてしまいました。

我的……掉到地上去了。
ウオ ダ ディアオ ダオ ディー サン チュイ ラ

点線部分に単語を入れて伝えましょう

□お箸 筷子 □スプーン 湯匙 □フォーク 叉子 □ナイフ 刀子
クァイ ズ タン ツー ツァ ズ ダオ ズ

これはまだ食べています。	這個我還要吃。 ゼァ ガ ウオ ハイ ヤオ ツー
これを下げてください。	這個請幫我收走。 ゼァ ガ チン バン ウオ ソウ ゾウ
会計お願いします。	我要買單。 ウオ ヤオ マイ ダン

197

困ったときのフレーズ 体調を崩したとき

頭痛がします。	頭 痛。 トウ トン
めまいがします。	頭 暈。 トウ ユン
風邪をひいています。	感 冒。 ガン マオ
熱があります。	發 燒。 ファー サオ
咳がでます。	咳 嗽。 カー ソー
鼻水がでます。	流 鼻 水。 リョウ ビー スェイ
喉が痛いです。	喉 嚨 痛。 ホウ ロン トン
吐き気がします。	想 吐。 シアン トウ
お腹が痛いです。	肚 子 痛。 ドゥ ズ トン
下痢をしています。	拉 肚 子。 ラー ドゥ ズ
ぜんそくを持っています。	有 氣 喘。 ヨウ チー ツワン
アレルギーがあります。	會 過 敏。 ホェイ グオ ミン
……アレルギーがあります。	對 …… 過 敏。 ドェイ グオ ミン

点線部分に単語を入れて伝えましょう

- □ 鶏卵 雞 蛋（チー ダン）
- □ 牛乳 牛 奶（ニョウ ナイ）
- □ 小麦 小 麥（シャオ マイ）
- □ 蕎麦 蕎 麥（チャオ マイ）
- □ エビ 蝦 子（シャー ズ）
- □ カニ 螃 蟹（パン シェ）
- □ ピーナッツ 花 生（ホア セン）
- □ ゴマ 芝 麻（ズー マー）

困ったときのフレーズ 道に迷ったとき

ここはどこですか？	這裡是什麼地方？
もう一度言ってもらえますか？	可以請你再說一遍嗎？
書いてもらえますか？	可以請你寫給我嗎？
この近くに……はありますか？	這附近有……嗎？
……にはどう行ったらいいですか？	到……要怎麼走？

点線部分に単語を入れて伝えましょう

- □ 地下鉄の駅　捷運站
- □ 駅　車站
- □ バス停　公車站牌
- □ トイレ, お手洗い　廁所／洗手間
- □ 公衆電話　公共電話
- □ 交番　派出所
- □ 日台交流協会　日台交流協會

困ったときのフレーズ 緊急のとき

助けて！	救命啊！
泥棒！	有小偷！
そいつを早く捕まえて！	快抓住他！
警察を早く呼んで！	快叫警察！
救急車を早く呼んで！	快叫救護車！
お医者さんを早く呼んで！	快叫醫生！

👉 代名詞

私	我 ウオ	私たち	我們 ウオ メン *1
あなた*2	你 ニイ	あなたたち*2	你們 ニイ メン *1
	妳 ニイ		妳們 ニイ メン *1
彼・彼女*2	他 ター	彼・彼女たち*2	他們 ター メン *1
	她 ター		她們 ター メン *1
これ，この	這 ゼァ	これら， これらの	這些 ゼァ シェ
あれ，あの	那 ナー	あれら， あれらの	那些 ナー シェ

*1 們：実際には第2声で発音されます。
*2 你・妳・他・她：「你」「他」は男女どちらにも使え、「妳」「她」は女性にのみ使います。動物には「牠」を使います（169ページ参照）。

🧑 人に関する単語 👩

家族①【祖父母】

（父方の）祖父	祖父 ズー フー	（母方の）祖父	外祖父 ワイ ズー フー
おじい ちゃん	爺爺 イエ イエ	おじい ちゃん	外公 ワイ ゴン
（父方の）祖母	祖母 ズー ムー	（母方の）祖母	外祖母 ワイ ズー ムー
おばあ ちゃん	奶奶 ナイ ナイ	おばあ ちゃん	外婆 ワイ ポー
おじいちゃん	阿公 アー ゴン *3	おばあちゃん	阿嬤・阿媽 アー マー　アー マー *3

*3 阿公・阿嬤＝阿媽：ともに台湾語からきた呼び方で、父方・母方ともに使います。

家族②【親】

父	父親 フー チン	母	母親 ムー チン
お父さん	爸爸 バー ヤ	お母さん	媽媽 マー マ *4
両親	父母 フー ムー 爸媽 バー マー		

*4 媽媽：第1声＋第1声で発音されることが多いです。

家族③【兄弟・姉妹】

兄	哥哥 *5 ガー ガ	弟	弟弟 ディ ディ
姉	姉姉 *5·6 デエ デエ	妹	妹妹 メイ メイ

＊5 哥哥・姉姉：ともに後ろの哥・姉は第1声で発音されることもあります。

＊6 姉姉：「姐姐」とも書きます。

家族④【家庭】

夫	先生 シェン セン	妻	太太 タイ タイ
息子	兒子 アー ズ	娘	女兒 ニュイ アー
夫婦	夫妻 フー チー	子ども	小孩 シャオ ハイ

人間関係①【友だち・恋人】

友だち	朋友 ポン ヨウ	親友	好（朋）友 ハオ ポン ヨウ
彼氏	男（朋）友 ナン ポン ヨウ	彼女	女（朋）友 ニュイ ポン ヨウ

人間関係②【学校】

クラスメイト	同學 トン シュエ		
（男の）先輩	學長 シュエ ザン	（男の）後輩	學弟 シュエ ディ
（女の）先輩	學姉 シュエ デエ 學姐 シュエ デエ	（女の）後輩	學妹 シュエ メイ

人間関係③【会社】

上司	上司 サン スー	同僚	同事 トン スー
部下	屬下 スー シャ	同業者	同行 トン ハン

性別・年齢別

男	男的 ナン ダ	女	女的 ニュイ ダ
中性	中性 ゾン シン		
高齢者	銀髪族 イン ファー ズー	若者	年輕人 ニェン チン レン
児童，子ども	小朋友 シャオ ポン ヨウ		

身体に関する単語

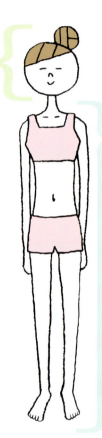

頭	頭 トウ	
髪の毛	頭 トウ	髪 ファー
おでこ	額 オー	頭*1 トウ
まゆげ	眉 メイ	毛 マオ
眼	眼 イェン	睛 デン
まつげ	眼 イェン	睫 デエ	毛 マオ
耳	耳 アー	朵*2 ドゥオ
鼻	鼻 ビー	子 ズ
ほっぺた	臉 リェン	頰 ジャ
ひげ	鬍 フー	子 ズ
口	嘴 ズイ	巴*2 バ
歯	牙 ヤァ	齒 ツー
舌	舌 セー	頭*1 トウ
あご	下 シャ	巴*2 バ
首	脖 ボオ	子 ズ
のど	喉 ホウ	嚨 ロン

肩	肩 ヂェン	膀 バン
腕	手 ソウ	臂*3 ビー
わき	腋 イエ	下*4 シャ
	胳 ガー	肢 ズー	窩*5 ウォ
ひじ	手 ソウ	肘*6 ゾウ
胸	胸 シオン	
背中	背 ベイ	
お腹	肚 ドゥ	子 ズ
おへそ	肚 ドゥ	臍 チー	（眼） イェン
腰	腰 ヤオ	
お尻	屁 ピー	股 グー
	臀 テゥエン	部 ブー
あそこ（男）	小 シャオ	弟 ディ	弟*7 ディ
（女）	小 シャオ	妹 メイ	妹*7 メイ
脚	腳 ヂャオ	・腿 トェイ
太もも	大 ダー	腿 トェイ
ひざ	膝 シー	蓋 ガイ
ふくらはぎ	小 シャオ	腿 トェイ

*1 頭：第2声で発音されることもあります。
*2 朵・巴：話し言葉では、耳朵の「朵」、
　　　　　　嘴巴・下巴の「巴」は、第1声
　　　　　　で発音することがほとんどです。
*3 臂：「ㄅㄟˋ（ベイ）」とも読みます。
*4 腋：「ㄧˋ（イ）」と読む人もいます。
*5 胳：「ㄍㄚ（ガ）」と読む人もいます。
*6 肘：話し言葉では、第2声で発音することもあります。
*7 小弟弟・小妹妹：性器の隠語。幼児語のおちんちんのように可愛らしい表現です。
*8 腕：第3声で発音する人もいます。
*9 甲：第2声や第3声で発音する人もいます。

手	手(ソウ)
手首	手(ソウ) 腕(ワン) *8
右手	右(ヨウ) 手(ソウ)
左手	左(ヅォ) 手(ソウ)
手のひら	手(ソウ) 心(シン)
手の甲	手(ソウ) 背(ベイ)
指	手(ソウ) 指(ズー)(頭(トウ)) *1
親指	(大(ダー))拇(ムー) 指(ズー)
人さし指	食(スー) 指(ズー)
中指	中(ゾン) 指(ズー)
薬指	無(ウー) 名(ミン) 指(ズー)
小指	小(シャオ) 指(ズー)
爪	指(ズー) 甲(ヂァ) *9
マニキュア	指(ズー) 甲(ヂァ) 油(ヨウ)

足	脚(ヂャオ)
足首,くるぶし	脚(ヂャオ) 踝(ホワイ)
右足	右(ヨウ) 脚(ヂャオ)
左足	左(ヅォ) 脚(ヂャオ)
かかと	後(ホウ) 脚(ヂャオ) 跟(ガン)
つまさき	脚(ヂャオ) 尖(ヂェン)
土踏まず	脚(ヂャオ) 心(シン)
足の指	脚(ヂャオ) 趾(ズー)(頭(トウ)) *1
足の爪	脚(ヂャオ) 指(ズー) 甲(ヂァ)
ペディキュア	修(シウ) 脚(ヂャオ) 指(ズー) 甲(ヂァ)

病気やケガをしたときは、点線部分に単語を入れて伝えましょう。

……が痛いです。	…… 很(ヘン) 痛(トン)。
……を切りました。	我(ウォ) 割(ガー) 到(ダオ) …… 了(ラ)。

旅先でツカえる単語集

単語

203

お店や施設に関する単語

買い物

スーパー	超市 ツァオ スー	コンビニ	便利商店 ピェン リー サン ディェン
ドラッグストア	藥妝店 ヤオ ズァン ディェン	薬局	藥局 ヤオ デュイ
百貨店	百貨公司 パイ ホオ ゴン スー	服屋	服飾店 フー スー ディェン
文房具店	文具店 ウェン デュイ ディェン	レコード屋	唱片行 ツァン ピェン ハン

飲食

レストラン	餐廳 ツァン ティン	喫茶店	咖啡店 カー フェイ ディェン
お茶屋	茶行 ツァー ハン	パン屋	麵包店 ミェン バオ ディェン
居酒屋	居酒屋 デュイ ヂョウ ウー	バー	酒吧* ヂョウ バー

＊吧：第4声で読む人もいます。

レジャー

公園	公園 ゴン ユェン	映画館	電影院 ディェンイン ユェン
劇場	劇場 デュイ ツァン	ホテル	飯店 ファン ディェン

交通施設

（電車の）駅	車站 ツァー ザン	駅の待合室	候車室 ホウ ツァー スー
空港	機場 デー ツァン	ターミナル	航廈 ハン シャ
バス停	公車站牌 ゴン ツァー ザン パイ	港	港口 ガン コウ

公共施設

郵便局	郵局 ヨウ デュイ	市役所	市政府 スー ゼン フー
警察署	警察局 ヂン ツァ デュイ	交番	派出所 パイ ツウ スオ
病院	醫院 イー ユェン	学校	學校 シュエ シャオ

204

飲み物・食べ物に関する単語

ソフトドリンク

烏龍茶*	凍頂烏龍 ドンディンウーロン , 鐵觀音 ティエグァンイン		
ジャスミン茶	茉莉花茶 モーリーホアツァー	紅茶	紅茶 ホンツァー
生姜茶	薑汁 ジャンズー	胚芽	胚芽 ペイヤア
龍眼(ロンガン)	桂圓 グェイユェン	ナツメ	紅棗 ホンザオ
杏仁	杏仁 シンレン	タロイモ	芋香 ユイシアン
レモン	檸檬 ニンモン	キンカン	金桔*1 ヂンヂュイ
パッションフルーツ	百香果 パイシアングオ	ウメ	梅子 メイズ
コーヒー	咖啡 カーフェイ	ココア	可可 カーカー
コーラ	可樂 カーラー	炭酸水	氣泡水 チーパオスェイ
ヨーグルト	優酪乳 ヨウルオルウ	乳酸菌飲料	養樂多 ヤンラードゥオ
リンゴジュース	蘋果汁 ピングオズー	オレンジジュース	柳橙汁 リョウツェンズー
野菜ジュース	果菜汁 グオツァイズー	ミネラルウォーター	礦泉水 クァンチュェンスェイ

＊烏龍茶：**凍頂烏龍**は台湾を代表する烏龍茶で、**鐵觀音**は渋みから甘みへと味わいが変化する烏龍茶です。
＊1 金桔：桔は「ㄐㄧˊ(ヂ)」と発音することもあります。

飲み物のトッピング

ミルク	奶精 ナイヂン	砂糖、シロップ	糖 タン
ラテ	拿鐵 ナーティエ	はちみつ	蜂蜜 フォンミー

お酒

紹興酒	紹興酒 サオシンヂョウ	コーリャン酒	高粱酒 ガオリャンヂョウ
ビール	啤酒 ピーヂョウ	梅酒	梅酒 メイヂョウ
日本酒	日本酒 リィベンヂョウ	ウィスキー	威士忌 ウェイスーヂー
赤ワイン	紅(葡萄)酒 ホン(ブータオ)ヂョウ	白ワイン	白(葡萄)酒 パイ(ブータオ)ヂョウ
スパークリングワイン	氣泡酒 チーパオヂョウ	シャンパン	香檳 シアンビン

タピオカドリンク・かき氷のトッピング

タピオカ*2	粉 (フェン)	圓 (ユェン)	サツマイモ団子	地 (ディー)	瓜 (グア) 圓 (ユェン)
イモ団子	芋 (ユイ)	圓 (ユェン)	チョコレート	巧 (チャオ)	克 (カー) 力 (リー)*3
あずき	紅 (ホン)	豆 (ドウ)	緑豆	綠 (リュイ)	豆 (ドウ)
ピーナッツ	花 (ホア)	生 (セン)	ハスの実	蓮 (リェン)	子 (ズ)
はと麦	薏 (イー)	仁 (レン)	プリン	布 (ブー)	丁 (ディン)
黒いゼリー*4	仙 (シェン)	草 (ツァオ)	透明なゼリー*4	愛 (アイ)	玉 (ユイ)
黒糖	黑 (ヘイ)	糖 (タン)	シロップ	糖 (タン)	水 (スェイ)
練乳	煉 (リェン)	乳 (ルウ)			

＊2　**タピオカ**：サツマイモに似たイモの粉を練ってつくった小さな団子状の食べ物。見た目が**珍珠**（真珠）のように見えるので、**珍珠奶茶**（タピオカミルクティー）と呼ばれるようになりました。

＊3　**克**：第1声で発音されることが多いです。

＊4　**仙草・愛玉**：ともに植物由来のゼリーです。

フルーツ

マンゴー	芒 (マン)	果 (グオ)	パイナップル	鳳 (フォン)	梨 (リー)
グアバ	芭 (バー)	樂 (ラー)*5	パパイヤ	木 (ムー)	瓜 (グア)
スターフルーツ	楊 (ヤン)	桃 (タオ)	レンウー*6	蓮 (リェン)	霧 (ウー)
キウイフルーツ	奇 (チー) 異 (イー)	果 (グオ)	ライチ	荔 (リー)	枝 (ズー)
苺	草 (ツァオ)	莓 (メイ)	ぶどう	葡 (ブー)	萄 (タオ)
スイカ	西 (シー)	瓜 (グア)	メロン	哈 (ハー) 密 (ミー)	瓜 (グア)
バナナ	香 (シアン)	蕉 (ジャオ)	りんご	蘋 (ピン)	果 (グオ)
みかん	橘 (デュイ)	子 (ズ)	梨	梨 (リー)	子 (ズ)
桃	桃 (タオ)	子 (ズ)	すもも	李 (リー)	子 (ズ)
ナツメ	棗 (ザオ)	子 (ズ)			

＊5　**芭樂**：台湾語で発音します。

＊6　**レンウー**：りんごや梨のようにシャリシャリとした食感の果物です。

夜市の屋台料理

豚肉そぼろご飯	魯肉飯 *7 （ルー ロウ ファン）	牡蠣オムレツ	蚵仔煎 *8 （オー アー ヂェン）
牡蠣そうめん	蚵仔麵線 *8 （オー アー ミー スァー）	炒めビーフン	炒米粉 （ツァオ ミー フェン）
シチュー入り揚げパン	棺材板 （グァン ツァイ バン）	骨つき豚肉薬膳スープ	藥燉排骨 （ヤオ ドゥン パイ グー）
さつま揚げ	天婦羅，甜不辣 （ティェンフー ルォ , ティェンブー ラー）		
フライドチキン	雞排 （ヂー パイ）	臭い豆腐	臭豆腐 （ツォー ドウ フ）
肉入り餅	肉圓 *8 （バー ワン）		

＊7 魯肉飯：滷肉飯とも書きます。
＊8 蚵仔煎・蚵仔麵線・肉圓：台湾語で発音します。

台湾おでんの具

とうもろこし	玉米 （ユイ ミー）	大根	白蘿蔔 *9 （パイ ルォ ボオ）
椎茸	香菇 （シアン グー）	昆布	海帶 （ハイ ダイ）
ちくわ	竹輪 （ズー ルン）	厚揚げ	油豆腐 （ヨウ ドウ フ）
イカのつみれ	花枝丸 （ホア ズー ワン）	豚肉のつみれ	貢丸 （ゴン ワン）
ロールキャベツ	高麗菜捲 （ガオ リー ツァイ ヂュエン）	玉子焼き	玉子燒 （ユイ ズ サオ）

＊9 蔔：第1声で発音されることもあります。

調理の仕方

煮る	煮 （ズー）	焼く	烤／煎 （カオ / ヂェン）
炒める	炒 （ツャオ）	揚げる	炸 *10 （ザー）
蒸す	蒸 （ゼン）	凍らせる	冷凍 （レン ドン）
真空パック	真空包裝 （ゼン コン バオ ズァン）		

＊10 炸：第4声で発音する人も多いです。

調理の仕方を聞きたいときは、点線部分に単語を入れて伝えましょう。

これは......料理ですか？	這是......的嗎？ （ヂェア スー ...... ダ マ）

旅先でツカえる単語集

単語

味覚

美味しい	好吃 ハオ ツー	不味い	難吃 ナン ツー
辛い	辣 ラー	酸っぱい	酸 スワン
しょっぱい	鹹 シェン	にがい	苦 クウ
甘い	甜 ティェン		

感想や好き嫌いを言うときは、点線部分に単語を入れて伝えましょう。

これは本当に ...... です！	這個 真 ...... ！ ゼァ ガ ゼン
私は ...... ものが好きです。	我 喜 歡 ...... 的。 ウオ シー ホワン ダ
私は ...... ものが苦手です。	我 不 吃 ...... 的。 ＊11 ウオ ブー ツー ダ

＊11 我不吃......的。：「不吃」（食べない）と言うことで「苦手」を表現します。

単語

方角・天気に関する単語

方角

東	東 ドン	西	西 シー
南	南 ナン	北	北 ベイ

方向・順番

上	上 サン	下	下 シャ
左	左 ヅオ	右	右 ヨウ
まっすぐ行く	直走 ズーゾウ	ななめ前	斜前方 シエチェンファン
1番（番号）	一號 イーハオ	一番～（最も）	最～ ズイ
前	前 チェン	後ろ	後 ホウ
最初	第一個 ディイーガ	真ん中	正中間 ゼンゾンヂェン
最後	最後 ズイホウ		

天気

天気	天氣 ティエンチー	晴れ	放晴 ファンチン
曇り	多雲 ドゥオユン	雨	下雨 シャユイ
風	有風 ヨウフォン	台風	有颱風 ヨウタイフォン
太陽	出太陽 ツウタイヤン	霧	有霧※ ヨウウー
サングラス	太陽眼鏡 タイヤンイェンヂン	長靴	長靴 ツァンシュエ
マフラー	圍巾 ウェイヂン	手袋	手套 ソウタオ

＊有霧：起霧「くー˙（チー）×ˋ（ウー）」とも言います。

点線部分に単語を入れて伝えましょう。

今日は ...... ですね。	今天 ...... 。 ヂンティエン
明日は ...... ですか？	明天 ...... 嗎？ ミンティエン マ

旅先でツカえる単語集

単語

時・暦に関する単語

年月日と時間

～月	～月(ユエ)	～日[*1]	～日(リィ)、～號(ハオ)
～時	～點(ディエン)	～分	～分(フェン)
西暦～年	西元(シーユエン)～年(ニェン)	民国[*2]～年	民國(ミングオ)～年(ニェン)

* 1　日：「日」は書き言葉、話し言葉では「號」を使います。
* 2　民国：台湾の年号です。西暦1912年が民國元年、2011年が民國100年。

曜日

～曜日	禮拜(リーパイ)～、週(ゾウ)～、星期(シンチー)～
日曜日[*3]	禮拜天(リーパイティエン)、禮拜日(リーパイリィ)、週日(ゾウリィ)、星期天(シンチーティエン)、星期日(シンチーリィ)
月曜日[*4]	禮拜一(リーパイイー)、週一(ゾウイー)、星期一(シンチーイー)
土曜日[*4]	禮拜六(リーパイリョウ)、週六(ゾウリョウ)、星期六(シンチーリョウ)

* 3　日曜日：週日とは言いますが、週天という表現はありません。
* 4　月～土曜日：禮拜・週・星期のあとに一～六をつけていきます。水曜日は禮拜三・週三・星期三。

時

今日	今天(ヂンティエン)	昨日	昨天(ツォティエン)
明日	明天(ミンティエン)		
今週	這週(ゼァゾウ)[*5]	先週	上週(サンゾウ)[*5]
来週	下週(シャゾウ)[*5]		
今月	這個月(ゼァガユエ)	先月	上個月(サンガユエ)
来月	下個月(シャガユエ)		
今年	今年(ヂンニェン)	去年	去年(チュイニェン)
来年	明年(ミンニェン)		

* 5　週：(個)禮拜・(個)星期と言い換えることもできます。

一日

午前	上午	午後	下午
朝	早上 *6	昼	中午
晩	晩上 *6		
夜明け	凌晨	夕方	傍晩
深夜	半夜		

＊6　上：第4声で発音する人が多いです。

季節

春	春天	夏	夏天
秋	秋天	冬	冬天

旅先でツカえる単語集

単語

数に関する単語

数の言い方は97ページで習ったので、ここでは指で数を表す方法やものの数え方などを見ていきましょう。

数字を指で表現

1	一 イー		2	二 アー / 两 リャン
3	三 サン		4	四 スー
5	五 ウー		6	六 リョウ
7	七 チー		8	八 パー
9	九 ジョウ		10	十 スー

＊ここにあげているものは、代表的な指の使い方です。人によって違う使い方をすることもある（8の指で3を表すなど）ので、なんと言っているかも、聞きとるようにしましょう。

もののの数え方

数えるもの	〔助数詞〕	例：〔数詞（1）〕＋〔助数詞〕＋〔もの〕
本	本 ベン	1冊の本 — 一 本 書（イー ベン スー）
映画	部 ブー	1本の映画 — 一 部 電 影（イー ブー ティエンイン）
手紙	封 フォン	1通の手紙 — 一 封 信（イー フォン シン）
紙	張 ザン	1枚の紙 — 一 張 紙（イー ザン ズー）
ペン	枝 ズー	1本のペン — 一 枝 筆（イー ズー ビー）
服	件 デェン	1着の服 — 一 件 衣 服（イー デェン イー フ）*
傘	把 バー	1本の傘 — 一 把 傘（イー バー サン）
川	條 ティヤオ	1本の川 — 一 條 河（イー ティヤオ ハー）
乗り物	台 タイ	1台の自転車 — 一 台 脚 踏 車（イー タイ ヂャオ ター ツァー）
機械, 楽器	台 タイ	1台のテレビ — 一 台 電 視（イー タイ ティエンスー）
飲料	杯 ベイ	1杯のお水 — 一 杯 水（イー ベイ スェイ）
動物, 鳥	隻 ズー	1匹の犬 — 一 隻 狗（イー ズー ゴウ）
丸いもの, 粒状のもの	顆 カー	1個のリンゴ — 一 顆 蘋 果（イー カー ピン グオ）
もの全般	個 ガ	ぴったりの〔助数詞〕がわからないときは個を使うのが無難です。

＊服：第2声で発音する人が多いです。

単位

表すもの	単位	例：〔数詞（1）〕＋〔単位〕
長さ	センチメートル（cm） 公 分（ゴン フェン）	一 公 分（イー ゴン フェン）
	メートル（m） 公 尺（ゴン ツー）	一 公 尺（イー ゴン ツー）
重さ	グラム（g） 公 克（ゴン カー）	一 公 克（イー ゴン カー）
体積	リットル（l） 公 升（ゴン セン）	一 公 升（イー ゴン セン）
速さ	時速〜キロメートル（km／h） 時 速 〜 公 里（スー スー 〜 ゴン リー）	時 速 一 公 里（スー スー イー ゴン リー）

🎨 色を表す単語

色

…… 色	‥‥‥ 色(サー)		
赤[*1]	紅(ホン)	ピンク[*2]	粉紅(フェンホン)
青	藍(ラン)	紺	深藍(センラン)
緑[*1]	綠(リュイ)	紫	紫(ズー)
黄[*2]	黃(ホワン)	オレンジ	橘(デュイ)
茶	咖啡(カーフェイ)		
金	金(デン)	銀	銀(イン)
白	白(バイ)	黒	黑(ヘイ)
灰	灰(ホェイ)		

[*1] 紅・綠：信号機のことを紅綠燈（赤と緑の照明）と言います。
[*2] 粉紅・黃：日本ではピンクに性的な含みを持たせたりしますが、台湾では黃が同様の使い方をされます。

🆎 台湾のアルファベット発音

A[*3][*4]	B	C	D	E	F	G	H[*3]	I
J	K[*5]	L[*6]	M[*6]	N[*7]	O	P	Q[*8]	R
S[*6]	T	U	V	W	X[*6]	Y	Z	

[*3] A・H：日本ではHに性的な含みを持たせたりしますが、台湾ではAです。理由は単純。「ADULT」（アダルト）の頭文字だからですね。

[*4] A：動詞的に使われることがあります。例えば、「A東西」（甘い汁を吸う／Aは台湾語由来で「不正な手段でものを得る」ことを指します）、「A到〜」（〜に軽くぶつかる）など。

[*5] K：「K書」（一生懸命勉強する）、「K〔人〕」（〔人〕を殴る）のように動詞的に使ったりします。

[*6] L・M・S・X：服などのサイズ表記「XS」「S」「M」「L」「XL」は日本と同じです。

[*7] N：「N次」（無限大，何回も〜）という使われ方もあります。

[*8] Q：プルプルッのタピオカのことを「Q」と言ったりします。日本でも弾力があり歯ごたえの良い食べ物を「きゅっきゅっ」という擬態語で表現しますよね。

台湾に関する単語

台湾の祝日

日付け[1]	祝日	日本語訳
1月1日	元旦（ユェン ダン）	元日
	開國紀念日（カイ グオ ジー ニェン リィ）	中華民国開国記念日
旧暦12月31日	除夕（ツゥ シー）	大晦日
旧暦1月1日[2]	春節（ツン ヂエ）	春節，旧正月
2月28日	二二八和平紀念日（アー アー バー ハー ピン デー ニェン リィ）	二・二八事件[3]の平和記念日
4月4日	兒童節（アー トン ヂエ）	子どもの日
4月5日	清明節（チン ミン ヂエ）民族掃墓節（ミン ズー サオ ムー ヂエ）	お墓参りの日
旧暦5月5日	端午節（ドワン ウー ヂエ）	端午の節句
旧暦8月15日	中秋節（ヂョン チョウ ヂエ）	十五夜[4]
10月10日	國慶日（グオ チン リィ）雙十節（スワン スー ヂエ）	中華民国国慶節

*1　**日付け**：旧暦と記していないものは、新暦の日付けです。
*2　**旧正月のお休み**：**除夕**から旧暦1月3日までお休みします。
*3　**二・二八事件**：1947年2月28日に台北で起こり、台湾全土へと広がった、外省人（大陸人）支配に対する本省人（台湾人）の抗議行動によって生じた大規模な流血事件です。
——大陸からきた国民党の支配下にあった1947年2月27日、台北の夜市で、複数の警察官と取締官が、闇タバコを販売していた本省人女性を暴力的かつ横暴に摘発する。これによって、市民との間に混乱が生じ、役人側の威嚇発砲が原因で1人の本省人が死亡する。これに抗議するデモが翌28日台北で起こるが、非武装のデモ隊に対し行政側は強硬姿勢で応じ、多数の死傷者がでる。その後、抗議行動は台湾全土に拡大するが、当時の行政長官・陳儀らは抗議に立ちあがった本省人を徹底的に弾圧したため、2万人以上とされる犠牲者がでた。
*4　**十五夜**：家族や友だちとバーベキューを楽しんだり屋外で過ごすことが多いかな。

台湾の地名

本土北部

台北ㄊㄞˊㄅㄟˇ（北投ㄅㄟˇㄊㄡˊ） タイ ベイ ベイ トウ	新北ㄒㄧㄣㄅㄟˇ（九份ㄐㄧㄡˇㄈㄣˋ，板橋ㄅㄢˇㄑㄧㄠˊ） シン ベイ ヂョウ フェン バン チャオ
桃園ㄊㄠˊㄩㄢˊ（中壢ㄓㄨㄥㄌㄧˋ） タオ ユェン ゾン リー	新竹ㄒㄧㄣㄓㄨˊ 基隆ㄐㄧㄌㄨㄥˊ シン ズー ヂー ロン

本土東部

| 宜蘭ㄧˊㄌㄢˊ（羅東ㄌㄨㄛˊㄉㄨㄥ） イー ラン ルオ ドン | 花蓮ㄏㄨㄚㄌㄧㄢˊ（太魯閣ㄊㄞˋㄌㄨˇㄍㄜˊ） ホア リェン タイ ルー ガー | 台東ㄊㄞˊㄉㄨㄥ タイ ドン |

本土中部

苗栗ㄇㄧㄠˊㄌㄧˋ ミャオ リー	台中ㄊㄞˊㄓㄨㄥ タイ ゾン	彰化ㄓㄤㄏㄨㄚˋ ザン ホア	雲林ㄩㄣˊㄌㄧㄣˊ（斗六ㄉㄡˇㄌㄧㄡˋ） ユン リン ドウ リョウ
嘉義ㄐㄧㄚㄧˋ（阿里山ㄚㄌㄧˇㄕㄢ） ヂァ イー アー リー サン	南投ㄋㄢˊㄊㄡˊ（日月潭ㄖˋㄩㄝˋㄊㄢˊ） ナン トウ リィ ユェ タン

本土南部

| 台南ㄊㄞˊㄋㄢˊ タイ ナン | 高雄ㄍㄠㄒㄩㄥˊ ガオ シォン | 屏東ㄆㄧㄥˊㄉㄨㄥ（墾丁ㄎㄣˇㄉㄧㄥ） ピン ドン カン ディン |

離島

| 澎湖ㄆㄥˊㄏㄨˊ ポン フー | 蘭嶼ㄌㄢˊㄩˇ ラン ユイ | 綠島ㄌㄩˋㄉㄠˇ リュイ ダオ | 馬祖ㄇㄚˇㄗㄨˇ マー ズー | 金門ㄐㄧㄣㄇㄣˊ ヂン メン |

＊ カッコ内：その地区にある主な都市や観光地です。
＊ その他の離島：上記の島々のほかに、「龜山島」や「小琉球」という島もあります。ぜひ足をのばしてください。

ツオウ族

ブヌン族

タイヤル族

先住民族（行政院原住民族委員會認定の 16 民族）

アミ（Amis）族	阿美族 アーメイズー	約 208,000 人
タイヤル（Atayal）族	泰雅族 タイヤアズー	約 89,000 人
パイワン（Paiwan）族	排灣族 パイワンズー	約 100,000 人
ブヌン（Bunun）族	布農族 プーノンズー	約 58,000 人
ルカイ（Rukai）族	魯凱族 ルーカイズー	約 13,000 人
プユマ（Puyuma）族	卑南族 ベイナンズー	約 14,000 人
ツオウ（Tsou）族	鄒族 ゾウズー	約 6,600 人
サイシャット（Saisiyat）族	賽夏族 サイシャズー	約 6,600 人
ヤミ（Yami）族＝タオ（Tao）族	雅美族＝達悟族 ヤアメイズー ダーウーズー	約 4,600 人
サオ（Thao）族	邵族 サオズー	約 780 人
カバラン（Kavalan）族	噶瑪蘭族 ガーマーランズー	約 1,500 人
タロコ（Truku）族	太魯閣族 タイルーガーズー	約 31,200 人
サキザヤ（Sakizaya）族	撒奇萊雅族 サーチーライヤアズー	約 900 人
セデック（Sediq）族	賽德克族 サイダーカーズー	約 9,900 人
サアロア（Hla'alua）族	拉阿魯哇族 ラーアールーワーズー	約 380 人
カナカナブ（Kanakanavu）族	卡那卡那富族 カーナーカーナーフーズー	約 320 人

* 人口は、行政院原住民族委員會 2017 年 10 月公開の「原住民人口數統計資料—民國 106 年 9 月版」より作成。
（原住民族委員會 Web サイト http://www.apc.gov.tw/）

主な苗字

陳 ツェン	林 リン	黃 ホワン	張 ザン	李 リー	王 ワン	吳 ウー	劉 リョウ	蔡 ツァイ	楊 ヤン
許 シュイ	鄭 ゼン	洪 ホン	郭 グオ	邱 チョウ	徐 シュイ	宋 ソン	莊 ズァン	呂 リュイ	蘇 スー

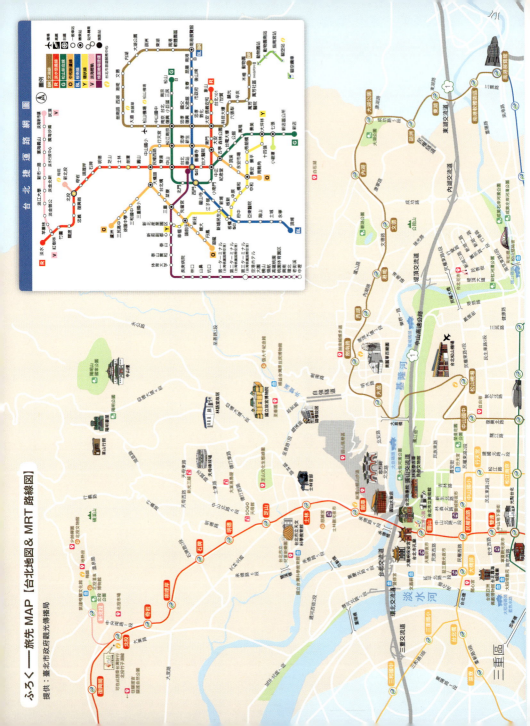

ふろく―旅先 MAP [台湾全図]

提供：© 台湾観光協会

北海岸＆観音山国家風景区
陽明山国家公園
東北角＆宜蘭海岸国家風景区

台北市
花蓮市
台中市
彰化市

亀山島
頭城
蘇澳冷泉
礁渓
南澳
新城
花蓮
秀林
宜蘭県
羅東
三星
冬山
仁澤（鳩之澤）
太平山
坪林
雄来
烏来
松山空港
松山
台北市
板橋駅
深坑
新北市
三峡
復興
三民・大湖
泰安
雪覇国家公園
苗栗県
獅潭
和平
梨山
合歓山
盧山
南投県
太魯閣国家公園
天祥
吉安
花蓮県
万栄
紅葉
玉里
瑞穂
豊浜
日月潭国家風景区
埔里
魚池
日月潭
集集
東埔
玉山国家公園
台中市
台中駅
新竹県
新竹駅
新竹市
竹東
北埔
五峰
竹南
西湖
苗栗
銅鑼
三義
豊原
后里
大甲
梧棲
沙鹿
鹿港
彰化県
彰化市
芳苑
北港
雲林県
参山国家風景区
桃園市
台湾桃園国際空港
桃園駅
大渓
龍潭
湖口
石門水庫
鶯歌
福隆
三芝
金山
石門
野柳
九份
基隆市
淡水
八里
士林
北投
澎湖国家風景区
澎湖県
白砂
西嶼

JAPAN
TAIWAN
Taipei
Kaohsiung

後書き

台湾の旅を満喫していただけましたでしょうか。

台湾で中国語を学ぶとしたら、私の母校臺灣師範大學（台湾の教員養成大学）がおススメです。
私は大学院時代、中国語教師を養成する研究科に通っていました。昼間は教師になるために必要な知識と技能を学び、夜は大学近くの永康街を散策し、小籠包やマンゴーかき氷に舌鼓を打っていました。永康街には日本人観光客もたくさん訪れており、台湾華語が不慣れな観光客を見かけると、ついつい昼間学んだことを活かしたくなって、即席の台湾華語教室を開きたい！　とうずうずしていました（笑）。

私の母校にある「國語教學中心」は、台湾で最も由緒ある外国人向けの中国語学習センターです。毎年、世界70ヵ国から約1,700名の留学生が在籍しているそうです。私の在学中も学内では色んな国の言葉が飛び交っていました。台湾とのご縁が太く長く続くよう、皆さんも中国語の勉強に台湾にきませんか？

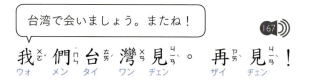

本書で台湾に触れた皆さんが、台湾をもっと好きになってくださいますように。

この本を書くにあたり、
アドバイス・ご協力くださった下記の方々に御礼申しあげます。
武藤 友真さん、石橋 佳奈さん、下元 宏展さん、二瓶 里美さん、
石井 洋祐さん、金子 美智子さん、小山 香さん、台湾人講師蔡 雅雯先生、
玉井 光法さん（順不同）

岡井 将之さんには、中国語の校正を含め多大なご協力をいただきました。
心より感謝いたします。

これまで私を支えてくれた台湾にいる家族・親戚・友だち、
そして、本書を手にとってくれた読者・学習者の皆さん、ありがとうございます！

〔著者紹介〕

樂　大維（Yue Dawei）

台湾台北市出身。東吳大学日本語学科卒業。台湾師範大学華語文教学研究所修了。早稲田大学大学院人間科学研究科博士後期課程単位取得満期退学。専門は中国語教授法、マルチメディア教育法、語学教材開発、日中言語比較研究。
2009年4月に来日し、日本政府観光局通訳案内士試験委員や多くの語学学校の中国語講師をつとめ、月刊誌の連載コラムを担当するなど幅広く活躍するとともに、拓殖大学外国語学部中国語学科にて中国語・台湾華語・台湾語講座の教鞭をとっている。
台湾での主な著書に『中文很簡單（カンタン中国語）』『海外華語教學職場要訣（日本の中国語教師活動体験談）』（以上、文光圖書）、『我的東京小日和（ぼくのTokyoびより）』（拓客出版）、『跟著在地人玩日本（地元民ならではの日本へご案内します）』（瑞蘭國際）がある。日本での著書に『今日からはじめる台湾華語』（白水社）、『書き込み式 台湾華語＆繁体字練習帳』、『旅の台湾華語 伝わる会話＆フレーズブック』（アスク出版）がある。

協力	台湾観光局／台湾観光協会
	臺北市政府觀光傳播局
書体	教育部標準楷書字形（台湾教育部の標準書体）
写真	台湾観光局／台湾観光協会（© 表記のあるもの）
	著者（© 表記のないもの）

ブックデザイン	ナカミツデザイン
音声吹込	陳怡廷　樂大維
音源制作	㈱誠音社
印刷・製本	倉敷印刷㈱

◎本書に関するお問い合わせはこちらから。ご意見、ご感想もぜひお寄せください。

アスク出版 ユーザーサポートセンター ▶ https://www.ask-books.com/support/

書籍のお問い合わせ▶ 　　ご意見・ご感想 読者アンケート▶

旅先ですぐに使えるエッセイ風フレーズ＆単語帳

〈新装版〉街ぶら 台湾華語

2017年12月 4日　初版 第1刷　発行
2020年 4月24日　初版 第2刷　発行

著　者：樂大維　©2017 by Yue Dawei

発　行：株式会社アスク出版　〒162-8558　東京都新宿区下宮比町 2-6
　　　　　　　　　　　　　　電話 03-3267-6866（編集）　03-3267-6864（販売）
　　　　　　　　　　　　　　FAX 03-3267-6867
　　　　　　　　　　　　　　https://www.ask-books.com/

発行人：天谷修身

価格はカバーに表示してあります。許可なしに転載、複製することを禁じます。
落丁本、乱丁本はお取り替えいたします。　　ISBN978-4-86639-140-3　Printed in Japan